PALAVRAS
DE FOGO

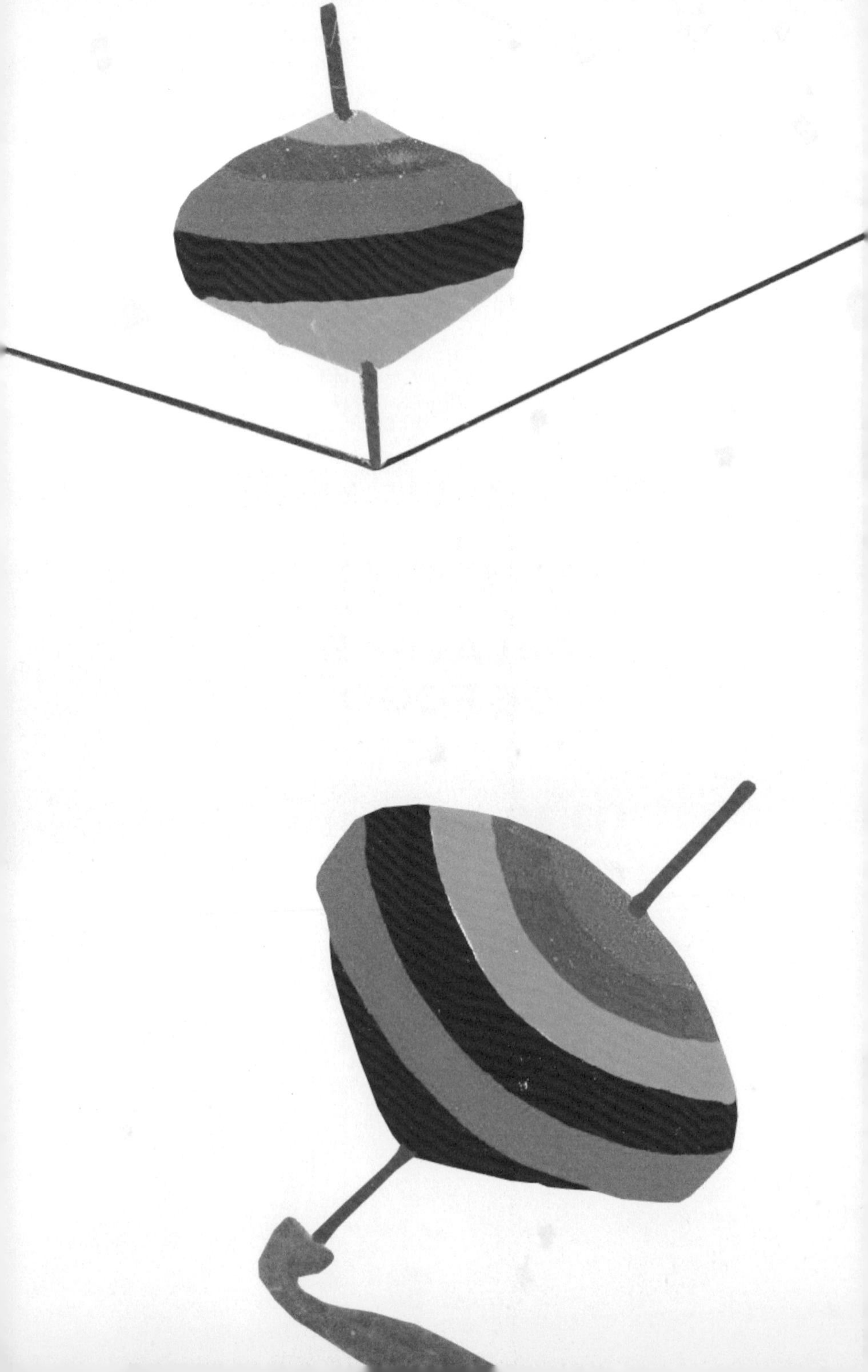

火焰与词语

PALAVRAS DE FOGO

POEMAS

JIDI MAJIA

TRADUÇÃO DE
JOSÉ LUÍS PEIXOTO

PORTO ALEGRE · SÃO PAULO · 2020

Texto original em chinês © Jidi Majia
Traduzido por José Luís Peixoto
Tradução para o português © Foreign Language Teaching and Research Publishing Co., Ltd.
Todos os direitos reservados.
Título original: 火焰与词语 —— 吉狄马加诗集

CONSELHO EDITORIAL Gustavo Faraon e Rodrigo Rosp
CAPA E PROJETO GRÁFICO Luísa Zardo
PREPARAÇÃO Rodrigo Rosp
REVISÃO Raquel Belisario

DADOS INTERNACIONAIS DE
CATALOGAÇÃO NA PUBLICAÇÃO (CIP)

M233p Majia, Jidi.
Palavras de fogo / Jidi Majia ; trad. José Luís
Peixoto. — Porto Alegre: Dublinense, 2020.
192 p. ; 21 cm.

ISBN: 978-65-5553-006-3

1. Literatura Chinesa. 2. Poesia Chinesa.
I. Peixoto, José Luís. II. Título.

CDD 895.1309

Catalogação na fonte:
Ginamara de Oliveira Lima (CRB 10/1204)

Todos os direitos desta edição
reservados à Editora Dublinense Ltda.

EDITORIAL
Av. Augusto Meyer, 163 sala 605
Auxiliadora — Porto Alegre — RS
contato@dublinense.com.br

COMERCIAL
(51) 3024-0787
comercial@dublinense.com.br

INTRODUÇÃO

Este livro é uma janela. O lugar onde estamos, onde cada um de nós está, é uma casa. Mantemos alguma familiaridade com o que nos rodeia, mas aproximamo-nos deste livro, olhamos na distância da paisagem e encontramos novidade. Parece-me muito interessante que, para um número significativo de leitores, o primeiro contato que têm com a cultura nuosu seja através da poesia. Esse não é um modo de aproximação habitual a culturas remotas, mais frequentes são os verbetes de enciclopédia, as reportagens e os documentários. A poesia, já se sabe, é uma forma de conhecimento subjetiva, depende do indivíduo que a compõe e do indivíduo que a interpreta. No entanto, é indubitavelmente uma forma de conhecimento. A subjetividade que a constituiu é, mais do que qualquer outra coisa, uma demonstração da sua honestidade. Os tais verbetes de enciclopédia, reportagens e documentários são muito menos objetivos do que nos querem fazer crer ou, erro nosso, do que acreditamos serem. A poesia é, no centro da sua natureza, um encontro de seres humanos através da imperfeição e, repito-me, da subjetividade que os constituem. É por isso que me parece tão interessante que um livro de poesia propicie esse primeiro contato entre duas culturas, distantes no espaço, com experiências e visões próprias e, ainda assim, a partilharem tanto, como se verá.

Também por isso, sinto-me dividido em relação à necessidade das palavras que estou a escrever neste preciso momento, quero que sejam tão breves quanto possível. Não gosto de introduções. Espero conseguir ficar-me pela contextualização mínima, pelo essencial.

Jidi Majia (1961) é um dos nomes maiores da atual poesia chinesa. Desde que recebeu o Prêmio Nacional de Poesia da China, em 1988, foram atribuídas várias distinções ao seu trabalho dentro e fora do país. A sua aproximação à escrita teve lugar na adolescência e, para além das múltiplas obras que publicou, desenvolveu várias experiências ligadas a esse mundo, tendo editado diversas revistas literárias. Ocupando importantes posições em instituições chinesas, chegou, por exemplo, a ser secretário-geral da União de Escritores da China e da Associação de Escritores e Poetas Étnicos da China. A pertença à etnia yi (mais concretamente, ao ramo nuosu) é uma das marcas que definem a sua obra e a sua identidade.

A imensidão da China, distorcida pela distância a que a observamos, nem sempre permite que se tome consciência da sua enorme diversidade. São mais de cinquenta as etnias que compõem o país, cada uma com marcados elementos culturais próprios: língua, crenças, costumes, etc. O Estado refere-se a estes grupos como "nacionalidades". São compostos por uma população de mais de 90 milhões de pessoas. Os yi são cerca de 9 milhões. Ocupando principalmente as montanhas de Liangshan, no sudoeste da China, cobrindo parte das províncias de Sichuan, Guizhou, Guangxi e Yunnan, o povo nuosu esteve fora do alcance do governo chinês até a década de 50 do século XX. Dedicados à pecuária e à agricultura, a vida tradicional dos nuosus encontra-se retratada em muitos textos deste livro. Aliás, entrando na casa de uma dessas famílias, a primeira coisa que se vê, o mais elementar, é um pequeno forno sustentado por três pedras, sobre um lume sempre aceso. Acredita-se que nunca se deve apagar esse fogo, a vida e a sorte da família dependem disso. Tal como estas **Palavras de fogo**, aqui a transportarem memória e espírito.

Sobre os poemas que constituem esta obra, ainda tentando referir-me apenas ao mais essencial, importa dizer que são abertamente identitários. O *eu* poético confunde-se com o autor sem qualquer constrangimento, são diversas as ocasiões em que se refere o próprio nome de Jidi Majia no interior de poemas. E, também dessa forma despudorada, desenvolve-se bastante o sentimento de pertença, a defesa das origens, a assunção apaixonada de uma identidade local e cultural. Esse aspecto, no âmbito da história recente e da realidade chinesa contemporânea, assume uma dimensão política muito forte, explicitada em múltiplas passagens. Ainda assim, sem contradizer estas características, é muito evidente que não estamos perante uma forma de poesia apenas "local" ou, se preferirmos, "étnica". Jidi Majia refere-se de modo abundante e direto ao vasto mundo, com referências concretas e a defesa inabalável de uma postura humanista. É, por exemplo, muito interessante a grande quantidade de referências a poetas internacionais contemporâneos, oriundos dos diversos continentes. Essa cartografia literária, mapa de influências e parentescos, estabelece fecundas ligações, paralelismos, propostas de releitura para quem se aventurar nessa análise.

A poesia pretende sintetizar o mundo e, no entanto, as janelas estão sempre viradas para uma direção específica. Este livro apresenta o retrato claro de uma certa China. Pessoalmente, senti-me cativado a embarcar neste projeto de tradução ao ter lido uma parte destes poemas justamente enquanto visitava as províncias de Sichuan e de Yunnan. Enquanto viver, não poderei esquecer a majestade do Lago Lugu ou, da mesma maneira, com a mesma majestade, o olhar dos anciões nuosu, o riso das crianças, a curiosidade de todos, deles e minha, as nossas tentativas de comunicação.

Participar neste projeto representou a possibilidade de, por fim, comunicar diretamente com essas pessoas que conheci. Infelizmente, não sei ainda suficiente mandarim para poder traduzir estes textos a partir do original. Por isso, fiz uma primeira versão a partir das traduções inglesa, francesa, galega e castelhana[1]. Posteriormente, enviei esse texto para You Yupin, que havia conhecido previamente em Pequim, que tem experiência de

---

1 *Words of fire*, FLTR Press, 2013, trad. Denis Mair; *Paroles de feu, Memoire de encrier*, 2014, trad. Françoise Roy; *Rapsodia en negro*, Editorial Galaxia, 2016, trad. Alberto Pombo; *Palabras de fuego*, Valparaíso, 2015, trad. Françoise Roy.

traduzir do português para o mandarim, e a quem agradeço o trabalho minucioso de confronto entre a minha primeira versão e os poemas originais. Mais tarde, recebi esse texto amplamente anotado e, a partir daí, cheguei a esta versão final. Este trabalho é fruto de uma crença profunda na importância da tradução, tanto sob o ponto de vista literário, como humano.

Estou certo de que partilho essa convicção com o próprio Jidi Majia. Partilho ainda várias outras convicções, ou não tivesse eu publicado um romance cujo título é o nome da minha aldeia, ou não tivesse eu já escrito bastante sobre a minha região, nunca esquecendo o mundo.

Aquilo que importa vem nas páginas que se seguem. Eis que se abre a janela para uma paisagem remota, mesmo debaixo dos nossos olhos: sacerdotes cerimoniais, caçadores que sopram chifres e se fazem ouvir pelas montanhas, montados em selas ornamentadas, o galope dos cavalos misturado com a melodia do berimbau nuosu. Que esta possa ser uma leitura importante, janela a mostrar-nos mais deste mundo imenso, simultaneamente uno e múltiplo.

José Luís Peixoto

AUTORRETRATO

No cume da montanha, o vento sussurra a uma criança, ao pôr do sol.
E perde-se na distância, onde uma história o espera.
Deixa o teu nome nesta terra, criança, pois o teu tempo de morrer chegará.

Sou as histórias escritas em língua nuosu.
Ao cortar o cordão umbilical, nasci de uma mulher.
O meu nome, atormentado pela dor,
o meu nome, tão bonito,
o meu nome, cheio de esperança,
é um poema masculino,
concebido durante mil anos
por uma mulher a fiar na roca.
O meu pai perpetua a tradição,
é homem entre os homens.
Chamam-lhe Zhyge Alu[1].
A minha mãe nunca envelhece,
é cantora nesta terra.
Tem profundidade rio que nela corre.
A minha amada eterna
é beleza entre as belezas.
Chamam-lhe Gamo Anyo[2].
Em todas as minhas mil mortes, como homem,
estou deitado a olhar para a esquerda.
Em cada uma das minhas mil mortes, como mulher,
estou deitada a olhar para a direita.
Nos mil rituais de luto,
sou as palavras amigas de um convidado distante.
No ponto álgido dos mil rituais de luto,
sou as consoantes trêmulas na garganta de uma mãe.

---

1 Zhyge Alu é um herói mítico dos nuosus, cujos feitos são relatados numa epopeia com o mesmo nome. [Esta e as demais notas aos poemas são do tradutor.]
2 Gamo Anyo é uma beldade lendária do povo nuosu.

Mesmo que tudo isto me inclua,
sou, na verdade, o conflito milenar
da justiça contra o mal.
Sou o descendente milenar
do amor e da fantasia
através dos séculos.
Todos os planos errados de um casamento sem fim
foram meus.
Toda a traição e lealdade,
nascimentos e mortes,
foram meus.
Ah, mundo, ouve a minha resposta:
eu sou um nuosu!

RESPOSTA

Ainda te lembras
do caminho para Jjile Bute[1]?
Num crepúsculo lânguido,
ela disse-me:
perdi a minha agulha de bordar,
apressa-te e ajuda-me a encontrá-la.
(Procurei por todo o lado naquele caminho agreste.)

Ainda recordas
o caminho para Jjile Bute?
Num crepúsculo pesado,
eu disse-lhe:
Tenho algo cravado no fundo do coração,
não será por acaso a tua agulha de bordar?
(Comoveu-se até as lágrimas.)

---

[1] Lugar no centro da comunidade nuosu de Liangshan.

A CORRENTE
DO SONO

Se o bosque é um mar verde-escuro,
o seu luto flutua à deriva.
Tem uma cabana, como um barco
encalhado no extremo sul da floresta,
encalhado em algum porto.
Um cão de caça dorme aconchegado,
é um ponto de interrogação ofegante,
disposto a passar a noite longe do calor do fogão.
O homem está deitado no pequeno quarto,
cheira o cabelo da mulher
e o hálito a leite materno.
Sinuosa, uma corrente onírica serpenteia
para além do topo da sua cabeça.
Enquanto desliza, persegue
a preciosa sombra de um cervo,
surpreendido à luz do dia.
Cai sobre os seus ombros
uma chuva outonal de folhas douradas.
Não dispara. Contempla
essa dança numa montanha no sudoeste da China.
Depois, também ele quer dançar.
Mas tem a mulher, apoiada no braço esquerdo,
e o filho, apoiado no braço direito,
como se os seus braços fossem almofadas.
Parece-lhe que, só em espírito,
pode fazer soar o longo e inquietante assobio,
caminhar com a sutileza dos caçadores antigos.
Um bosque noturno sem fim
desliza silenciosamente à sua frente.

UM NUOSU
FALA DO FOGO

Dá-nos sangue, dá-nos terra.
Ó poder que remontas para além da antiguidade!
Dá-nos revelações, dá-nos consolo,
que os recém-nascidos avistem os antepassados!
Dá ternos cuidados, apoia a vida!
Oxalá possamos desfrutar da tua bondade.
Salvaguardaste o nosso respeito próprio,
protegeste-nos de sofrer à mercê de outros,
és um prazer proibido, chama-nos em sonhos,
dá-nos alegrias sem limites,
deixa-nos cantar ao abandono.
Quando abandonarmos o mundo humano,
não mostrarás sinal de aflição.
Para lá da miséria ou da riqueza,
vestirás as nossas almas
com eternas roupas de fogo.

O MONÓLOGO
DO BERIMBAU

Sou o berimbau
sempre pendurado ao peito,
desde as horas da infância
à solitária velhice.
Sou o berimbau
que o destino permitiu
no pórtico do coração.
Através de mim se expressam
as tristezas e alegrias,
ambas confiadas ao escuro.
Sou um berimbau.
Se alguma vez chegar a hora
de deixar o mundo dos vivos,
quero fundir tudo o que sou
na terra fria.
Mesmo assim, meu irmão, se sentires
a dor desta terra
numa noite cerrada,
fica sabendo que ainda definho.

CANÇÃO FOLCLÓRICA

Todos regressaram a casa depois do mercado,
mas o meu poema não.
Viram-no bêbado,
cambaleando de um lado para o outro, desgostoso,
segurava um berimbau dourado,
debaixo do beiral de uma casa,
perto de um cruzamento, era madrugada.

As ovelhas desceram do monte,
mas o meu poema não regressou.
O carneiro que lidera o rebanho avistou-o
enquanto o sol desaparecia no horizonte.
Contemplava as colinas sangrentas,
chorando sozinho a sua dor.

Os vizinhos dormem,
mas o meu poema não regressou a casa.
Aqui estou, sentado à porta, esperando-o.
Como poderia esquecer uma noite assim?

NA DIREÇÃO OPOSTA

Não tenho propósito.

De súbito, atrás de mim, o sol
anuncia um perigo iminente.

Vejo outro eu a atravessar
a escuridão e o tempo,
saciado pela frescura do trigo sarraceno.
Não vejo essa mão aqui, diante de mim,
está nas negras profundidades da terra,
segura ramos de flores feitas de osso
para que a minha tribo reconheça, nos rituais,
a alma dos antepassados.

Vejo um muro de adobe a envelhecer debaixo do sol.
Todos os provérbios foram enterrados no vinho.
Vejo ritmos que serpenteiam na pele do tambor,
um cantor que solta a sua língua flamejante
em busca de terrenos quiméricos.

Não estou aqui, pois há outro eu
a caminhar na direção oposta.

UM VELHO
TOURO BRAVO

A história de um touro de lide do Grande Liangshan, Parte 1

Está ali,
ao entardecer.
Imóvel,
mantém a sua frágil cabeça inclinada.
A extensão do seu corpo
assemelha-se a uma rocha junto ao mar,
golpeada pelas ondas.
Os seus cornos, maltratados,
são como as presas partidas de um lobo.

Está ali,
ao entardecer.
Cerra
o único olho que lhe resta,
indefeso contra a nuvem de moscas
que zumbe à sua frente,
impotente contra o moscardo
que lhe sobe pela cara.
Quem sabe para onde foi o seu dono?

Está ali,
ao entardecer,
sonhando com o seu melhor momento.
Lembra uma manhã do Festival da Tocha,
parece ouvir o embate dos cornos,
golpes que deixam todos sem fôlego,
parece escutar o orgulho de uma paliçada
no focinho ofegante,
reconhecer o cheiro da praça de touros,
cheiro frio e úmido, aroma inebriante.

Sente-se possuído por aquele impulso selvagem
que emana da terra negra.
Parece sentir o latejar do pulso
outra vez em todo o corpo.
Os pelos do lombo, rígidos como arames.
Parece ouvir as pessoas aclamando-o de novo.
Então, recorda a luz do sol nos pastos de verão
onde ele e outros da sua espécie
brincavam felizes como cervos de ouro.
Parece ver o seu jovem dono, levando-o
com a cabeça adornada por laços vermelhos
até o topo da montanha:
os seus cornos pareciam suster o sol,
vermelho como o sangue ainda por derramar.

Está ali,
ao entardecer
e por um instante abre o seu único olho.
Esforça-se por captar a luz da antiga praça de touros,
deixa escapar um grunhido triste.
Então todos os pelos
da sua mortiça pele castanha
se transformam numa massa ardente
que se vai queimando, indomável.

A MORTE DE UM TOURO BRAVO

A história de um touro de lide do Grande Liangshan, Parte 2

"Um homem pode ser destruído, mas não derrotado."
Ernest Hemingway

A altas horas da noite,
quando todos dormem profundamente,
repousa lânguido no seu casebre
esperando a chegada da morte.
Os seus olhos entreabertos
estão cheios de desespero e dor.

Porém, naquele momento, parece ouvir
na serra distante,
na antiga praça de touros,
um enorme touro bravo mugir-lhe
em tons provocadores, dizendo em voz alta
o seu nome há tanto esquecido:
insultado, injuriado e vaiado.
Nesse instante, os sentimentos ganham vida,
despertando o estado selvagem.
Na sua louca corrida
ouvem-se as tábuas do casebre a partir,
ouvem-se as árvores novas a estalar,
o seu corpo atirado contra uma rocha:
o som da terra a ser arrancada.
Quando o sol nasce finalmente
e a névoa da manhã se dissipa,
descobrem que o touro bravo morreu
na arena onde uma vez lutou:
os cornos bem cravados no chão
e a carne lacerada do seu corpo.

No entanto, um brilho de orgulhosa satisfação pode ver-se nos seus olhos ainda abertos.

O MEU DESEJO

Quando uma criança nuosu chega ao mundo,
é lavada pela mãe com a água pura de um ribeiro.

Um dia, quando a hora de morrer chegar,
quando pisar longas sombras em direção às altas montanhas,
ai, minha mãe, onde estarás então?
Ainda que te chame com voz de leite,
nenhum som poderá vir de ti.
Apenas com a chegada do crepúsculo
ao chão fúnebre
poderei distinguir a tua figura indecisa.

Neste momento deixa-me aproximar de ti
Ai, mãe, minha mãe!
Tu não és um vento cálido,
tu não és chuva fina.
És simplesmente um prado,
um lugar verde, viçoso e tranquilo.
Então, deixa-me cantar nu
uma velha canção que aprendi.

Ai, mãe, minha mãe,
não me lamentes!
Se esta é a hora do amor,
o orvalho noturno chegará
a este mundo que se perdeu
sobre esta multidão indecisa.
Na minha pele, tingida pelo sol,
os meus olhos têm a cor do bosque.
Mas consegues ver
como o corpo de carne,
essa estrutura física

que um dia foi pura devido a ti,
se deixou esculpir pela fealdade?

Ai, mãe, minha mãe,
será que realmente te verei em breve?
Por favor, concede ao teu filho
outra purga sagrada,
que a minha carne se lave por completo
para dormir eternamente no teu abraço.

OUVINDO AS ESCRITURAS DO ENVIO DA ALMA

Na cultura nuosu, um bimo tem a responsabilidade de oferecer sacrifícios aos deuses e antepassados. Corresponde ao sacerdote dos países ocidentais.

Se pudesse pedir a um bimo que enviasse a minha alma
ainda nos dias da minha vida,
se pudesse traçar o caminho que conduz aos antepassados
ainda nos dias da minha vida,
se tudo isto pudesse ser feito
e não fosse um sonho,
e se os anciões que partiram
para o seu descanso eterno
perguntassem o que faço todos os dias,
eu responderia com toda a sinceridade
que este indivíduo que sente um amor fervoroso
pelas pessoas de todas as raças
e pelos perfumados lábios das mulheres
muitas vezes fica acordado até tarde a escrever poemas
e nunca fez mal a ninguém.

CABRAS MONTANHESAS DE GUNYILADA

Uma vez mais, observo a paisagem
deste território maravilhoso.
Certamente está ao nível dos céus,
abre-se à vastidão.
Dirige-se a algum lugar mágico e intemporal,
e nesse lugar de vácuo e frio,
ecos de cascos avançam pelo silêncio.

Os cornos em quarto crescente do macho
erguem-se perante uma nuvem que desliza.
Por detrás, há um abismo negro.
Os seus olhos infantis movem-se
como furtivas ondas azuis.

No interior dos meus sonhos,
não passo sem essa estrela.
No interior da minha alma
não passo sem esse relâmpago.
Temo que, se isto se perder
do alto do Grande Liangshan,
os meus sonhos se dissolvam no vazio.

RITMO DE
UMA TRIBO

Em momentos de tranquilidade,
também consigo reconhecer
o desejo vivo,
serpenteando pela minha alma,
acordando tempestades.

Mesmo passeando à vontade,
sou capaz de sentir
esse impulso animado
fluindo dentro de mim,
tentando incitar as minhas pernas
a correrem como loucas.

Em tempos de doce sonolência,
arrasta os meus pensamentos
até se enrolarem no cérebro,
enchendo a noite de sonhos inquietos.

Ah, e também sei
que, durante todos estes anos,
foi esta força maravilhosa,
num estado de sutil melancolia,
que fez a minha mão direita escrever
poemas sobre a vida dos nuosus.

TERRA

Amo profundamente a terra em meu redor,
não apenas porque nascemos nela,
não apenas porque morremos nela,
não apenas por todas as árvores genealógicas.
Todos os nossos antepassados
faleceram um a um nesta terra.
Não apenas porque é percorrida
por centenas de rios selvagens
e sangue ancestral que goteja noite após noite.

Amo profundamente a terra ao meu redor,
não apenas pelas velhas canções sonhadoras
que acertam no peito com tanta tristeza,
não apenas pelas carícias de uma mãe,
a carregarem medidas extras de bondade,
não apenas porque esta terra sustenta
as nossas casas acolhedoras, telhados de telha.

Durante séculos o nosso fio foi tecido
por mulheres sentadas diante de portas de madeira,
as que morreram e a avó que ainda vive.
Não apenas devido à antiga pedra do moinho,
que ainda murmura no entardecer desta terra,
inundando o ar com o rico aroma do âmbar,
impregnando os peitos escuros de cada mulher.

Amo profundamente a terra em meu redor,
sobretudo pelo que é nos dias comuns.
Sem importar as lágrimas que lhe cantamos,
esta terra permanece calada como uma pedra.
No entanto, em tempos de mágoa

e sofrimento, quando nos deitamos,
sentimos esta terra — pai dos nuosus —
a embalar-nos levemente no seu berço pesado.

RAPSÓDIA EM NEGRO

*Mabu e kaxi-jjuhly são instrumentos
musicais usados pelo povo nuosu.*

Entre sonhos, onde a vida e a morte se juntam,
onde rios e margens se encontram,
quando estrelas adormecidas brilham em silêncio
no céu noturno de um azul profundo,
quando o lábio da cantora se detém numa linha pensativa,
a porta de madeira não range e a pedra do moinho não soa.
As últimas notas da canção de embalar saltam como pirilampos
e todas as mães, esgotadas, entram no país dos sonhos.

Lá longe, no outro lado das nuvens,
no cimo do rochedo mais alto,
as garras da águia adormecida pisam um sonho.
E aqui, nesta terra distante,
onde os olhos da morte estão selados,
milhares de rios correm velozes sob o luar.
As suas sombras dirigem-se ao nada
e lá, muito longe, na floresta,
entre tentadoras almofadas de agulhas de pinheiro,
a pantera cruel deixa de caçar a cabra montanhesa.
Nesse instante de absoluta imobilidade,
oh, rio sem nome nos abismos de Gunyilada,
dá-me o ritmo da tua seiva,
deixa que o céu da minha boca ressoe com a tua voz.

Apressa-te, ó macho montês Vupuo da Grande Serra de
[Liangshan,
a abraçar a montanha fêmea Agajjumu do Pequeno Liangshan.
Permite que o meu corpo seja uma vez mais o teu embrião,
leva-me no interior do teu ventre,

permite que a memória desvanecida cresça de novo.
Ah, sonho negro, neste momento de silêncio,
possas tu cobrir-me, envolver-me.
Permite que desapareça sob o teu toque lascivo,
permite que me converta em ar, em luz do sol,
em rochedos e mercúrio e flores de ligustro.
Permite que me converta em ferro, em bronze,
em conchas de pérolas, em amianto, em fósforo.
Ah, sonho negro, que pouco falte para que me engulas e dissolvas.
Permite que me desvaneça sobre a tua benigna proteção
para tornar-me pasto e rebanho,
para tornar-me cervo ou cotovia ou peixe de finas escamas,
para tornar-me foice pequena de soltar fagulhas,
para tornar-me sela de montar, tornar-me berimbau,
tornar-me mabu, tornar-me kaxi-jjuhly.
Ah, sonho negro, quando me desvanecer,
toca as cordas do alaúde com melodias de pesar e de morte.
Permite que o nome Jidi Majia, pesado e desfeito pela dor,
seja tingido pelas cores do espectro solar, mesmo à meia-noite.

Permite que cada palavra que escreva, cada canção que cante,
empreste ao espírito deste chão a sua voz mais sincera.
Permite que cada verso, cada sinal de pontuação,
avance nas veias azuis deste solo.
Ah, sonho negro, assim que desapareça,
permite-me conversar com um monólito,
com o meu povo sofrido e nobre atrás de mim.
Acredito que em seus séculos de luto solitário,
se fossem ouvidos, poderiam colher lágrimas de um rochedo.
Ah, sonho negro, assim que desapareça,
deixa que se erga a estrela brilhante do meu povo.
Ah, sonho negro, deixa-me seguir-te
e entrar por fim no país da morte.

ROCHEDOS

Têm as feições do povo nuosu,
que vive nas regiões montanhosas mais solitárias.
Estes objetos aparentemente sem vida,
sobrancelhas franzidas pelas garras das águias.
(Quando os sentimentos de anos transbordam
e atravessam todas as estações ilusórias,
sonhos ilimitados e memórias à deriva
escrutinam o céu sem idade e o solo familiar.
Só depois de terem sido acesos pelo sol ardente,
podem chegar ao sono da morte.
Mas quem poderia dizer-me que desventuras humanas
estão contidas em tudo isto?)

Vi muitos objetos sem vida
com as feições do povo nuosu.
No silêncio de séculos após séculos,
nada fizeram para aliviar a sua agonia.

SOMBRA DE MONTANHAS

Seguindo o sol, aqui está,
mensageiro do destino,
sem cabeça ou boca,
sem ruído ou fanfarra.

Persegue uma capa emplumada de luz
desde um lugar oculto
para consolar a nostalgia de todos os seres.
E às articulações das ovelhas o adivinho lançará
um presságio mau e indescritível.

Este é o espírito da liberdade,
o talismã que guarda o povo nuosu.
Os que jazem no seu abraço calado
sonharão com estrelas que nascem ao fim da tarde
e encontrarão descanso no guinchar do aço.

ESPÍRITOS DA TERRA ANTIGA

Aligerai os vossos passos
para atravessar o bosque da liberdade.
Avancemos na companhia das bestas selvagens.
Mergulhemos no mistério original.

Não os sobressaltes.
Aquelas cabras montanhesas, cervos do rio e panteras,
aqueles filhos fiéis do nevoeiro branco,
escapando-se entre pálidos detalhes.

Não perturbeis a calma eterna.
Tudo em volta são presenças divinas,
anciões desaparecidos aproximam-se por todos os lados,
temem sombras desconhecidas.

Caminhai com passo brando, mais brando ainda,
mesmo que o olhar do destino esteja coberto de folhagem.
Muitas vezes, nesses momentos de sossego,
escutamos os sons de outro mundo.

AMARGO TRIGO SARRACENO

Trigo sarraceno, não fazes qualquer ruído.
Tu, vasilha da fecundidade da terra,
bebes o leite das estrelas luminosas
enquanto recordas a luz ardente do dia.
Trigo sarraceno, afundas as tuas raízes
na zona mais fértil da terra.
És a primeira metáfora e o símbolo,
és o sol incômodo das terras altas.
Trigo sarraceno, estás cheio do espírito da natureza,
és o caminho imposto ao nosso destino,
és uma língua antiga.
A tua fadiga é uma invasão dos sonhos.
És a única prece pela qual a nossa evocação pode alcançar
o lado dos espíritos da natureza e dos antepassados.
Trigo sarraceno, os teus braços invisíveis
são tenros e longos.
Ansiamos pelas tuas carícias e cantamos-te
como cantamos às nossas próprias mães.

UMA PALAVRA ENTERRADA

Vou procurar
uma palavra que foi enterrada.
Deve saber-se
que é a água da matriz,
brilho de escamas em água escura.

A palavra que procuro
é estrela que brilha como uma joia no céu noturno,
mesmo para lá do firmamento.
Lá, onde chegam os olhos de um adivinho,
está a sombra de um pássaro que voa.

A palavra que procuro
é o fogo sonhador de um sacerdote.
Pode evocar os anciões mortos
e alcançar a alma de todas as coisas.

Vou procurar
uma palavra que foi enterrada.
É um símbolo oculto transmitido pela língua materna
aos descendentes de um povo da montanha.

ALGUÉM OCULTO

Num lugar misterioso,
alguém chama pelo meu nome,
mas não sei
quem poderá ser.
Quero levar comigo a sua voz
mas é pouco familiar ao meu ouvido.
Posso afirmar
que entre os meus amigos
nunca ninguém me chamou assim.

Num lugar misterioso,
alguém escreve o meu nome,
mas não sei
quem poderá ser.
Tento interpretar a sua escrita em sonhos,
mas esqueço-a sempre ao acordar.
Posso dizer com certeza
que entre os meus amigos
nunca ninguém me escreveu uma carta assim.

Num lugar misterioso
alguém está à minha espera,
mas não sei
quem poderá ser.
Gostaria de fixar o meu olhar na sua silhueta,
mas não há nada para além do vazio.
Posso dizer com certeza
que entre os meus amigos
nunca ninguém me seguiu assim.

VIGÍLIA POR UM BIMO[1]

Dedicado a um ritualista nuosu (1).

Quando morre um bimo,
o caminho da língua materna é cortado por inundações.
Todas as palavras que contém, num instante,
tornam-se pálidas e frágeis, perdem o sentido inato.
As histórias que um dia nos comoveram petrificam-se, caem
[no silêncio.

Guardar vigília por um bimo
é velar toda uma cultura,
é velar tudo o que nos construiu.
De fato, não temos escolha
porque o tempo já mostrou
que a tarde em que o bimo desapareceu
foi como se a tradição se tivesse desfeito,
as notas de uma epopeia gelaram.

Guardando vigília por um bimo,
não choramos apenas
pela essência profunda de um povo.
Os nossos olhos brilham com lágrimas
de luto pela sabedoria perdida
e pela vida do espírito.

Guardar vigília por um bimo
é a retrospectiva de uma era
tão rica em mistério, afeto e lágrimas.

---

[1] Sacerdote do povo nuosu.

A VOZ DE UM BIMO

Dedicado a um ritualista nuosu (2).

Quando a escutas,
parece uma ilusão, antes de qualquer coisa,
como espirais tênues de fumo azulado.
Por que só agora a cordilheira
se encheu de eterna quietude?
De quem é essa voz que flutua entre homens e fantasmas?
Parece ter deixado o corpo,
entre a realidade e o nada.
Em melodias humanas e divinas, entoa
um canto de louvor ao nascimento e à morte.
Quando evoca o sol, as estrelas, os rios e os heróis antigos,
quando chama as divindades e os poderes surreais,
os mortos iniciam a sua ressurreição.

SELA

Escrito no panteão do poeta cazaque Tangjareh.

De quem é esta sela?
Por que o seu silêncio faz
esta tribo, amante das pradarias,
sentir angústia?
Vê como é silenciosa.
A sua espera muda
torna-se um "para sempre"
como se as batidas dos cascos
se fundissem com a pedra.
Isto testemunha o amor
do seu mestre fiel,
que galopou para fora do mundo
e das horas mais felizes.
Ainda lança o seu chamamento, acredita
que chegará o dia em que o cavaleiro
voltará sob os aplausos.
A sela é pesada como suspiros de um pastor.
Um dia, se uma alma, amante livre,
alcançar a dignidade e a igualdade
que convém ao ser humano,
a sua única exceção será a morte.

PRIMEIRO AMOR

Na infância, os adultos diziam-nos
que as caras de todas as crianças eram redondas.
Aproximei-me da minha mãe e perguntei-lhe: por quê?
Apontou simplesmente para a lua:
redonda e perfeita, descansava na copa das árvores.
Quis saber da rede para caçar borboletas do meu irmão,
como podia aprisionar tão tímida donzela?
Nesse tempo, as maçarocas penduravam-se nos alpendres,
recordo o colar de certa garota.
Era o tempo de jogar às escondidas,
era o tempo de "agarrar a noiva"[1] sob o luar.
Por algum motivo, sempre que ia buscá-la,
fugia e transformava-se no luar da água,
o seu riso salpicava-me a roupa.
Com o passar do tempo, converteu-se num álamo
e, naquela planície selvagem,
cantou em nome do amor.

Mais tarde montou uma sela nupcial
e, nessa noite, não fui o seu noivo.
A minha mãe disse-me que alcançara a maturidade,
pediu-me que oferecesse ao meu irmão
a roupa de criança que já não me servia.
Mas escondi aquela peça
que fora salpicada pelo riso dela.
Ainda quero encontrar a lua daquela noite
como se, no fundo da minha alma,
recordasse a rede de caçar borboletas do meu irmão.
Como podia aprisionar tão tímida donzela?

---

[1] Quando uma noiva da etnia yi partia para casar, um grupo da família do noivo ia ao seu encontro. Os acompanhantes da noiva rodeavam-na, enquanto os acompanhantes do noivo tentavam empurrá-la, criando um momento de brincadeiras e risos.

CONVOCATÓRIA FINAL

Montou a última armadilha, a mesma que lhe acertou no peito.

Sempre ao amanhecer e ao entardecer, ia para a montanha,
caçava leopardos e a glória dos seus antepassados.
Montava armadilhas enquanto a sua alma conversava com o
[bosque.
(Os camponeses contam
que, nos anos de juventude,
o seu nome casara com o vento.
Foi levado nas quatro direções
por ter apanhado
muitos leopardos.)

Era calado e viril, carregava na face um diário de proezas.
Quando a alegria transbordava no lago da montanha
trauteava uma longa canção da serra.
As voltas e mudanças das suas melodias
despertavam tremores no coração das mulheres,
ruborizavam-lhes as faces como penhascos ao entardecer.

O alto do seu crânio lembrava as montanhas antigas.
A vida selvagem e o amor corriam pela planície do seu peito,
sobre o qual as mulheres cultivavam
sementes de uma confiança duradoura.
(Como contam os camponeses,
envelheceu
mas insistiu em
montar a última armadilha
para acertar no coração de um leopardo.
Como contam os camponeses,
nesse dia partiu para a montanha

no lusco-fusco
trauteando uma melodia.
Na verdade, chegara o tempo de partir
para nunca mais regressar.
Mais tarde, alguém o encontrou morto,
exatamente onde estava a armadilha.
O espeto do último engenho
atravessava-lhe o peito com precisão.)

Deitado sob as estrelas, como um torrão a dormir,
com os olhos abertos para os enigmas da Via-Láctea,
deixou que as notícias da sua morte se erguessem nos cumes,
deixou que as mulheres que o amavam pousassem como
                                      [pássaros-sol[1].

Esta história chegou da grande montanha,
apesar das roupas cruéis do destino sobre a vida de um homem.
(Como contam os camponeses,
a sua vida chegou ao fim
e, no entanto, após alguns anos
uma mulher quase a morrer
pediu que a levassem lá.
Foi cremada naquele mesmo lugar.)

---

[1] "Pássaro-sol" é o nome vernáculo de uma ave da família das Nectariniidae, do gênero Aetophyga, que existe em Liangshan. O seu peito é vermelho, amarelo e preto. Quando voa, se assemelha a uma chama.

DESEJOS PARA O FESTIVAL DO REGRESSO DAS ESTRELAS[1]

Ofereço os meus desejos às abelhas,
ao bambu dourado e às grandes montanhas.
Ofereço os meus desejos para que nós, os vivos,
nos salvemos de terríveis desastres,
para que os antepassados, no seu descanso eterno,
cheguem em paz ao outro mundo.
Ofereço os meus desejos a essa extensão de terra
que é o corpo da nossa mãe.
Mesmo que estivesse embriagado,
seria impossível esquecê-lo.

Oxalá que cada grão de milho semeado
floresça em preciosas pérolas.
Oxalá que cada ovelha se torne tão ousada
como um carneiro Yogga-hxaqie[2].
Oxalá que cada galo seja tão audaz
como o galo de luta Vadu-dajy.
Oxalá que cada cavalo de trote veloz
chegue a ser famoso como Dalie-azho.
Oxalá que o sol nunca se extinga
e que, no lar, arda como um fogo, ainda mais vivo.
Ofereço os meus desejos ao cervo da floresta
e aos peixes que nadam nos rios.
Espíritos da terra, ofereço estes desejos,
sabendo que seguramente reconheceis
este sentimento, é o mais próximo do coração de um nuosu.

---

[1] O "Festival do Regresso das Estrelas" é outro nome para designar o Du-zi, o "Festival da Tocha" celebrado pelos nuosus.

[2] Yogga-hxaqie é um carneiro intrépido que encabeça a manada, o líder do rebanho, que é mencionado nas canções e histórias nuosus; Vabu-dajy é um famoso galo de luta; Dalie-azho é um célebre cavalo de corrida, ao qual também se referem as histórias nuosus.

RETRATO DE OUTONO

Na quietude do crepúsculo outonal,
o seu corpo transforma-se em terra,
os braços estendem-se aos poucos.
O sol queimou um último beijo
nesses contornos de carne e bronze.
Um bando de pássaros-sol exibe-se,
dança ao longo das suas pestanas.
O vento imita o som de uma lua pesada,
como brincos suspensos numa árvore.
As fantasias do céu caem conforme folhas,
enchem todos os poros do chão.
As lágrimas ardentes dos lagos
dão umidade anônima a um par de olhos.

Deve ser um cervo dos montes andando nesta terra,
segue a incrível ritmo, marcado pelos cascos,
em sintonia com os latidos do meu coração.
O cabelo é uma misteriosa floresta,
as narinas são uma cova.
Galinhas selvagens cacarejam-me nos ouvidos.
Entre o lábio superior e inferior,
um tigre salta sobre o desfiladeiro.
Perfumes fundem-se com o ar à volta do corpo,
doçura de morangos,
odor a carne de cervo.
Assim, nos lugares profundos da terra,
debaixo das estrelas,
jaz o sonho da roupa em forma de nuvem
e um berimbau.

GAROTA DE BUTUO

Foi pelo bronze da sua tez
que descobri a cor da terra à minha volta,
que descobri as pálidas lágrimas amarelas do sol,
que descobri as marcas de dentes nos ventos estivais,
que descobri a calma eterna de um precipício.

Foi pelo comovente enigma dos seus olhos
que escutei pela primeira vez o relâmpago mudo do planalto,
que escutei pela primeira vez o anoitecer aberto como uma porta,
que escutei pela primeira vez o suspiro suave de uma chaminé,
que escutei pela primeira vez um beijo líquido sob um lenço.

Foi pela serenidade da sua face
que vi pela primeira vez as correntes de uma tormenta elétrica,
que vi pela primeira vez os penhascos lançarem flores excêntricas,
que vi pela primeira vez a lua a sonhar com o seu amante,
que vi pela primeira vez a fecundidade de um rio em abril.

Foi por algo que nela se dissipou
que senti pela primeira vez tristeza e solidão.
Mas nunca esquecerei o dia
em que, numa manhã chuvosa no Grande Liangshan,
levaram de viagem a lugares remotos
o primeiro amor de um menino.

INSCRITO NUM ÁLBUM
DE RECORDAÇÕES

Dedicado à minha ama da etnia Han.

Era uma mulher que, na sua juventude,
foi rainha de beleza na sua aldeia, uma beldade sem igual.
Era uma donzela que, com dezesseis anos, sofreu assédio sexual
e cruzou sozinha o Rio Jinsha, e depois o Rio Dadu,
contendo nos seus passos metade da antiga China.
Esta mulher foi posta à prova e tristemente incompreendida.
Viu-se obrigada a suportar uma viuvez prematura
e, depois, a casar-se com um homem vinte anos mais velho do
[que ela.
Sofreu sem limites devido a esse esposo.
O mundo disparou-lhe os piores golpes do destino,
mas ela sonhou sempre com outra realidade,
cheia de doce bondade, de laços entre as pessoas.

Nos braços desta mulher passei a minha infância.
Pelo seu corpo e pela sua alma, senti unidade para além da raça.
Esta mulher criou-me até a idade adulta.
Convenceu-me de que os povos do mundo são irmãos.
(Ainda que o obscuro legado dos séculos
me tivesse ferido profundamente a alma.)

No dia em que morreu, ficou-lhe um sorriso no rosto.
Lembranças de anos passados se desfizeram no seu olhar.
Mesmo assim, o que ela representava nunca se perderá.
A terra não chorou a perda desta mulher comum,
não se estremeceu, mas, no Grande Liangshan,
durante uma noite normal e sem música,
o seu menino nuosu derrama lágrimas, chorando a sua ausência.
E o mundo há de escutar esse som triste.

MONTANHAS DISTANTES

Adoro escutar o som estridente das canções de Jjile Bute[1].
Mãe, quando poderei voltar para o teu lado?
Anseio mergulhar nas ondas da canção.
Oxalá que os meus braços balancem nessa doçura.

Atravessarei estradas sem olhar, ignorando os semáforos.
Não prestarei atenção aos gritos dos policiais.
Destruirei à minha passagem os separadores do trânsito,
não farei caso dos coágulos de sangue
que se abrirão nas minhas mãos impacientes.
Escolherei o caminho mais curto.
Chocarei de encontro ao concreto e aos arranha-céus.
Rasgarei a avassaladora maré humana.
Não temerei os gélidos olhares de inveja
que me cairão nas costas encharcadas de suor.
Hei de saltar incontáveis muros de tijolo,
correndo como o vento pelos baldios.
No último ônibus subirei até as montanhas.
Abrirei caminho, apesar da perna entorpecida,
presa na porta enferrujada.

E, por fim, os meus passos poderão acariciar
a terra amorosa, a dormir sob os meus pés.
Estarei nu, como um recém-nascido
nos braços da sua mãe.
Na hora do ocaso sobre os telhados de madeira,
todos os meus sonhos hão de ser apenas um,
levantando um par de lindas mãos
até o rosto para afastar
o manto sóbrio da indescritível tristeza.

---

[1] As canções populares deste lugar são muito emotivas e se cantam num estilo caracterizado por tons agudos.

MUNDO BRANCO

Sei bem, sim, sei bem,
o sono da morte
tem uma única cor.
As vacas e as ovelhas são brancas.
As casas e as montanhas são brancas.
E sei bem, sei de verdade,
que mesmo o fantasmagórico trigo sarraceno
é de nívea brancura.

O bimo fala-me dos meus antepassados,
que pairam em plena felicidade.
Nada os perturba,
não há dificuldades nesse mundo,
não há infames conspirações.
Um caminho de cor branca irá levar-nos
ao lugar que sempre ansiamos.

Ah, perdoem-me! Neste trágico mundo,
confesso fantasias de beleza para além do real.
Mas para dizer o que sinto agora,
preciso afirmar: para sermos humanos,
temos de ser amáveis.
Viver simplesmente não é fácil.
Tenho paixão pela vida e por esta terra,
não porque tema a morte.

CORES QUE OS NUOSUS VEEM EM SONHOS

Impressões das três cores mais usadas pela minha tribo.

(Muitas vezes, depois de sonhar com estas cores,
tenho os olhos cheios de lágrimas.)

Sonhei com o negro,
sonhei com uma capa de lã negra, suspensa no alto,
e com uma oferenda negra às almas dos antepassados,
e com um laço de guerreiro salpicado de estrelas.
No entanto, não posso ignorar
que os membros desta doce raça sofredora
se apelidaram de "Tribo Negra".

Sonhei com o vermelho,
com fitas vermelhas adornando os chifres de uma vaca,
com uma saia vermelha ondulante a dar nostalgia a uma balada,
com uma sela vermelha perseguida por fantasias.
Sonhei com o vermelho
e, no entanto, não posso ignorar
como esta cor do sangue humano
chegou a ser estimada pelos nossos antepassados, veias adentro.

Sonhei com o amarelo,
com canções debaixo de sombrinhas amarelas numa ladeira distante,
com a dobra de uma blusa amarela onde os raios de sol brincam,
com um berimbau amarelo e as suas asas reluzentes.
Sonhei com o amarelo,
e, no entanto, não posso ignorar
a razão pela qual esta cor, que confere radiante beleza ao mundo,
foi reduzida a decorar potes talhados à mão.

(Muitas vezes, depois de sonhar com estas cores,
tenho os olhos cheios de lágrimas.)

UMA ONDA INVISÍVEL

Uma coisa
que existiu
antes do meu nascimento
e que existe
como existe o ar ou a luz do sol.
Uma coisa que corre no meu sangue
mas que não se pode explicar
em poucas palavras.
Uma coisa oculta desde o princípio
nas profundezas da consciência.
E, pensando bem, parece obscura.
Uma certeza profunda,
ainda que não seja parte da realidade.
A saber: que a águia foi o nosso pai,
que o caminho dos nossos antepassados
era, de certeza, branco.
Uma coisa que, creio, se tornou eterna.

Tomai um instante para contemplar
as serras da cordilheira, apoiadas umas nas outras,
e os vossos olhos ficarão emocionados.
Uma coisa que me permite acreditar
que todo o ser tem alma, e que quem morre
encontra descanso entre o céu e a terra.
O tipo de coisa que nunca desaparecerá,
enquanto neste mundo
estiver vivo um nuosu.

SÓ PORQUE

Deixemos que estes dois pés descalços se enterrem
profundamente no chão.
Deixemos que todo o sangue do nosso corpo
flua de volta, mansamente,
ao lugar que nos deu o sangue.
(Apenas porque estas terras
são a nossa própria terra.)

Deixemos que saia o riso
por cima das nossas vozes,
e, com lágrimas nos olhos,
reguemos cada veste negra.
Choremos em voz alta.
Choremos convulsivamente,
gritemos de tão tontos que somos.
(Apenas porque estas terras
são a nossa própria terra.)

Observemos como cada homem
bebe licor de uma tigela de madeira
lacada a negro, vermelho e amarelo.
Assim que o licor cumpra o seu trabalho,
nunca mais um forasteiro
pisará a tua cabeça
com pés arrogantes.

Observemos como qualquer mulher,
quando lhe dá o capricho,
fala pelo berimbau ou pelo chifre de folha.
E se chegar o cansaço,
que se deite na longitude dos sonhos,
caindo num sono profundo, muito profundo.
(Apenas porque estas terras
são a nossa própria terra.)

CREMATÓRIO

Não sei quando foi.
Os meus olhos estavam cravados
na cúpula negra do céu,
com esse apreço calado que dura mil anos,
contemplando esta extensão de terra humana.
(Num lugar remoto,
através de uma cortina de névoa,
vislumbro a tua presença,
e dos meus olhos flui um rio.)

Escuto o sopro de um vento distante
que por fim se extingue nesta terra.
Ouço o fragmento de uma canção antiga
que brotou do sangue humano
e endureceu como um penedo neste lugar.
Vejo os meus parentes mortos há muito,
reunidos em silêncio nestas terras
e abraçando as sombras uns dos outros,
como um ruído de metal a ponto de rasgar-se.
Vejo as almas dos meus queridos mortos
nadar aqui e ali, livremente,
como negras baleias em movimento.
(Num lugar remoto,
através de um véu de névoa,
vislumbro a tua presença,
e dos meus olhos flui um rio.)

Chegará um dia, de certeza,
em que a minha alma alisará o caminho com o seu voo
rumo a esse lugar sob as estrelas,
como um pássaro exausto que avança
pelo último pedaço de terra firme,

depois do qual este meu crânio nuosu
descansará apoiado nos crânios dos meus antepassados.
E na antiga língua nuosu
dirá as saudades que tenho do passado.
Nesse momento, a agitação das nossas cabeças
contemplará com olhos inanes
o enigma eterno dos céus estrelados.
E com os seus lábios invisíveis falarão
de bondade e sentimentos fraternos.
Se ficar um eco, até o mais tênue,
que continue ressoando nesta terra nobre,
mesmo que apenas uma única voz humana
presente ainda nesta terra nobre,
encontraremos o nosso doce e eterno descanso.
(Num lugar remoto,
através de um véu de névoa,
vislumbro a tua presença,
e dos meus olhos flui um rio.)

SOL

Olhando o sol, desejo,
com a ajuda dos seus raios,
descobrir e despertar os meus antepassados.
Olhando o sol, falo em voz alta
de maneira a que possa ouvir de verdade,
e saber que me dirijo às suas almas,
na minha linguagem mística.
Olhando o sol, apesar das cicatrizes
e dos outros não me entenderem,
ainda creio
que a maioria das pessoas pertence ao lado bom.
Olhando o sol, que maravilhoso é,
a maré invisível das estações salpica
a minha pele de bronze.
Olhar o sol faz-me ter saudades
daqueles que viveram antes de mim,
e que alguma vez sentiram este calor,
mesmo que já não estejam neste mundo.

A UMA GAROTA DE BUTUO

O teu esbelto pescoço supera em beleza
a elegância de uma ave.
Os teus olhos são estrelas refletidas no lago.
A tua face é uma peça de ouro
onde paira a lembrança de uma abelha.
A tua gargantilha de prata
é um precipício de filigrana.
As mil dobras da tua saia
desenrolam as ondas
da maré que chega no final do dia.
A tua pele suave é como a brisa de verão
que sopra num vale de pinheiros,
varrendo à sua passagem a lã de uma ovelha.
O redemoinho sonhador do teu fôlego
faz tremer as gotas da aurora.
O teu riso é como a cotovia
que mergulha e ascende ao céu.
E é um feito categórico que
faz levantar as montanhas, devido às colisões,
à vontade que os chifres têm de chocar em chifres.
Os teus pés dançantes
preveem a maturidade do outono.

NUOSU

Alguns podem menosprezar o caminho que tomaste,
esperando encontrar uma linhagem a que pertencer,
o castanho da montanha, escarpado pelo caminho.
Alguns podem menosprezar o caminho que tomaste,
esperando encontrar essa harmonia cardeal,
rebanhos na distância, abraços de nuvens baixas.
E, no entanto, sei:
quando tentas, entre o som de rodas
a girar, sob a luz de um sol anêmico,
afundas-te em falta de direção
como nunca conheceste.

UM MENINO E AS COSTAS DE UM CAÇADOR

Desejo ver o movimento das tuas costas
em direção à atmosfera azul,
como a terra firme de uma ilha.
Essa é a geografia que estudei em criança.
Levas uma espingarda ao ombro.
Também eu levo uma, vigio as tuas costas,
com desejo de seguir-te
na vereda que se estende
até o destino que procuras.
Nas tuas costas, eu lia problemas de matemática,
alguns pareciam enigmas. Entre nós,
abria-se certa distância.
A espingarda era o meu lápis.
A presa era o meu papel.
As balas eram vírgulas e pontos.

Diz-se que, visto de trás,
me assemelho muito à tua figura.
Isto não deveria surpreender,
afinal sou teu filho.
Em qualquer caso, apenas quero seguir-te,
ora como tigre, ora como lobo, ora como nada absoluto.

Na procura desse destino, uma noite
caíste junto a mim, e o teu corpo inteiro
foi como a terra abalada por um terremoto.

Diz-se que, visto de trás,
me assemelho muito à tua figura.
Na verdade, apenas quero seguir-te,
como um bosque que mantém fé na terra.
E apenas posso condenar
a traição de um filho aos seus antepassados,
alma que se afunda na ignorância.

UM MENINO
E O BOSQUE

(Pertences ao bosque
e, no entanto, um dia,
tiveste de abandoná-lo.)
A casa de campo da tua avó,
no extremo da planície,
converteu-se no teu novo mundo.
Escutavas com gosto
histórias de tigres e rãs.
Cumpriste outro ano
com o cantar dos grilos na horta.
Este brinco de ouro na orelha
levou para muito longe
os dentes de leite do tempo.
As paredes de cal foram desfeitas
por devaneios, por lembranças,
contornos de aves e cães de caça,
regatos a cantarem sem palavras.
Ó menino, meu menino, sei
que a lua cheia brilhava sobre ti,
através das árvores do monte,
enquanto desenhavas.
Ó menino, meu menino, sei
que para compor essas imagens
conversaste em sonho com as estrelas.
De que outra forma as tuas mãos
poderiam pintar esses contos de fadas
com tão encantadora beleza?
Ó menino, meu menino,
um dia, no outono, ao entardecer,
partiste com tanta pressa,
querias divertir-te nas planícies.

Esqueceste a canção do bosque
quando deixaste a tua mãe,
que guardou a raiva e foi
para onde não a pudessem ver.
(Esta era uma canção
que gostavas de cantar,
que ela te ensinou sob a lua.)

Ó menino, meu menino,
hoje a tua mãe vem visitar-te.
Inesperadamente, cantas a velha canção.
(Amigo, deixa-me regressar,
tenho saudades.
Penso na minha mãe, longe dos bosques
que se estendem até perder de vista,
e no muito que nos assemelhamos.)
Tanto querias acompanhá-la.
Ó menino, meu menino,
o teu pai espera-te numa vereda do bosque,
no lugar em que nasceste.

ANSEIO POR AMOR

Garota debaixo de um guarda-chuva amarelo,
par de olhos lânguidos, um sonho como um cogumelo,
dando corda ao amor em silêncio.
O ar abraça as cores, o desejo está no horizonte.
Os pulsos encontram harmonia.
Alguns passos torpes de bailes antigos
encadeiam os tons mais agudos da montanha.
Emana meloso o berimbau, coração encostado aos lábios.
Encantadora saia de algodão, rodeada por ondas,
forma rapsódica de encontro à luz,
galope de desejos que a segue.

Exterior de adobe com motivos naturais a adorná-lo.
Que o amor se envolva no teu cabelo negro.
Que a timidez nos toque com a sua pureza.
As fragrâncias sedutoras flutuam
e são obséquios da terra castanha.
Uma grande montanha jaz adormecida como um homem.
Nela, a vereda é como um cinto desenhado com inteligência.
Que doces nadas lhe murmuram ao ouvido?
Ela aproxima-se sobre a abóbada azul do céu
e com imagens transmite as suas necessidades,
com o rosto rico de sons.
E quando se perde o ritmo de um olhar — isso é amor.

A LENDA FINAL

Quando um caçador deixa este mundo escuta o chamamento das grandes montanhas.
Palavras de um caçador

A morte é como um lobo,
lobo de pelo cinzento
que chega a correr à minha porta
e uiva por mim.
De certeza que não é cedo.
Apenas posso sorrir
ao meu neto adormecido.
E logo começo a caminhar
até a grande montanha que me chama
e subo até o seu peito imponente.
Quando a meia-noite toca as notas
de um úmido réquiem,
durmo no ventre
deste reino florestal, a água da nascente
escorre nos meus ouvidos,
nos meus lábios molhados de leite materno.
Quando chega o amanhecer, não se ouve
mais do que bebê cantando no bosque.
Os caçadores vão procurá-lo,
mas não o encontram.
E aquele incidente misterioso
converte-se numa história sobre mim.
Os filhos dos caçadores
poderão repeti-la para sempre.

EM PENSAMENTO

Li a tua carta acerca do bosque no outono
e de como as folhas brilhantes de setembro
adquirem a cor das rosas
e de como as folhas se curvam tais bocas abertas
para beijar o chão que amam.
Uma folha, levantada por um vento morno,
afastou-se de ti
e tranquilamente chegou a mim.
Acredita, meu caro,
quando me inclinei para apanhá-la, entendi o que suportaste
para escrever o longo poema sobre o bosque,
com a espingarda na mão, animado por uma coragem viril.

Ao sairmos de madrugada,
um pássaro-sol haverá de subir
como uma nuvem às tuas costas.
Mil vezes regressarão os meus olhos
às suas asas pintadas
e às histórias acerca de ti e do bosque,
que aí tomam nova forma.
Soltará notas de tenor
debaixo da abóbada azul do céu
enquanto versos se irão estender, densos como estrelas.
Sei que essas histórias estarão escritas
para que leia a chegada do crepúsculo na distância,
o fumo da cozinha a desvanecer-se sobre a chuva
e o teu silêncio
a um palmo da fogueira
e o teu peito
asfixiado como o mar.

Li a tua carta
em lugares onde li as pegadas de um urso.
Entre uma e outra folha, havia imagens
anunciando ataques imprevisíveis
de feras contra homens.
Nesses momentos, coloquei a carta
de encontro ao meu peito jovem, inflamado,
desejando apenas aproximá-la do coração.
Assim que as horas de luz se afastarem
diante da minha urgência,
e quando a noite escura por fim chegar
sob a árvore de bodhi
que espia os segredos,
iremos encontrar-nos de novo.

GARRA DE ÁGUIA

Há muito tempo, o povo yi começou a utilizar as garras de águias mortas para fabricar copos de vinho.

Sustendo-te à altura dos lábios,
sinto o aroma acre do sangue da águia
e percebo a sua respiração.
Sustendo-te junto ao ouvido,
consigo escutar o murmúrio do vento
e o cantar de uma nuvem.
Sustendo-te junto à almofada,
sonho com o céu da liberdade,
sonho com asas a voar.

APITO PARA CERVOS

Faz soar o grito do cervo até que uma fêmea se aproxime.
Então, a morte descerá sobre ele.
Palavras de um caçador

Com toda a minha valentia, sopro o apito para cervos,
faço soar o bramido de uma mãe cerva.
Um oceano condensa-se nos meus pulmões,
os rios gêmeos[1] fluem através das minhas narinas.
As notas do apito tremem como as ondas ao entardecer,
revolvem raios de sol
com uma feminina excitação invisível,
fugidios do ar dourado e dos tons cálidos.
Flutuando um fio terno e intrincado,
como a longa e fina linha de versos.
Prefere casar-se de modo misterioso
com a suave claridade,
talvez tenha vestido
roupa macia como a água
que um cervo sente na pele.
Mas, para mim, fica claro
que sou um homem soprando um apito.
Cada folha que cai é camuflagem do meu corpo.
Como um encontro perdido, aguardo.
E a minha ansiedade torna-se solene
enquanto a minha arma calada, preparada para disparar,
aponta ao cervo que timidamente se aproxima,
deixando-o vir ao engano.
Aperto o gatilho
e o cervo encontra a sua morte.

---
[1] Rio Yangtze e Rio Amarelo.

Quando o apito e o som do disparo se desvanecem,
parece-me ver de novo
uma forma feminina nos raios de sol.
Subjugando o mundo a tal esplendor,
não sei que tempestade outonal
pesaria sobre o meu coração,
pousando nele um triste e glaciar arrepio.
Parto o apito com os dentes,
atiro-o ao chão, sangue nos meus lábios,
para um lugar invisível.

Dizendo a verdade,
estava quase a chorar.
Temendo ser descoberto pelos meus entes queridos,
queria contar uma mentira.

ESTÁTUAS
NAS TERRAS

Para a minha irmã mais velha que partiu para casar.

O sol é um olho meu,
silhueta ereta, com a cor da noite.
Levantada diante da luz, sugere-me
a forma de uma montanha. São as costas de um homem
que sustêm a cintura inclinada da minha irmã.
Um sonho, fiado em ásperas madeixas,
desapareceu debaixo do chapéu.
Lágrimas nos olhos de uma garota, suor nas costas de um homem.
O ar junta os lábios para beijá-los a seco.
No ponto mais afastado da aldeia, existe a mágoa da despedida.
Irmã, a tua agulha desenhou um homem azul
porque nunca tinhas visto o seu rosto.
Um chapéu não é uma superfície para desenhar.
As figurações temerosas deixam pegadas
na sonata dourada da luz solar.
Ouço lugares selvagens a chamar desde as montanhas.
Uma menina adormeceu profundamente num palheiro,
a sua sombra não renuncia à união.
Doce memória perfumada, o luar
guardado num bordado.

Ainda que venha uma súbita tempestade no meio da noite,
o sorriso da garota continua tão inocente como sempre.
Os ventos da juventude gravam o amor nesta terra.
Feiticeiras e tentadoras eram as batidas
daqueles longos açoites de pastor ao entardecer.
Durante um ano mantiveste tapadas as feições de menina
sob o guarda-chuva amarelo. E o berimbau confiou
os teus segredos ao ribeiro. Pousaste o pé, orgulhosa,
e o sol te submeteu a um batismo negro.

Depois, o teu amor pertenceu a esta imensa montanha,
à mesma terra.
Só tu e esse caçador inocente conheciam
as verdadeiras intenções do sol e da lua.

A partir de então os tiros ecoavam no bosque,
mas não se via qualquer animal em fuga.
O caçador recebeu uma quantia pelo amor perdido.
Neste ermo, despojado de vida,
o licor queimou e cantou nas suas veias.
Os olhos dispararam raios, o bosque engasgou-se.
Todas as veredas da floresta
foram atravessadas por pensamentos exaltados.
Enquanto vigiava desde o cume da colina,
a compulsão carregava a espingarda ao ombro,
mas as asas que desceram do céu azul
abriram a porta do seu nobre coração.
A arma e a bala apontaram para baixo.
O sol nos olhos tinha o esplendor do sangue.
A terra nos olhos tinha o brilho do fogo.
Enquanto as cores tímidas mudavam à sua volta,
o amor vestia um traje de roupas eternas.

Era o sol que cavalgava na sela.
Os arcos da canção foram traçados por cotovias em pleno voo.
As costas do homem que sequestrava a desventurada donzela
apresentavam a máxima força.
Aquela bolsa bordada e triangular
continha pedaços partidos da lua.
Num lugar distante, tudo é imaginação.
Aí, foram enterradas as horas da juventude.
Mas aqui, nesta terra castanha,
não esquecerão uma quantidade de coisas.
Usando até a lama debaixo dos pés
moldarei devotamente a tua imagem,
sonho azulado de uma garota,
espingarda de um caçador que se perdeu.

OCASO

Impressões sobre a cor da pele de uma tribo.

Nesta franja de terra chamada Liangshan,
que os nossos homens montem briosos corcéis,
e que consigam saltar em frente a toda a velocidade.
Quando o nosso cabelo negro
se converter em raios de sol
e o vento despentear as madeixas
salpicadas de ouro inquieto,
os nossos sonhos ardentes,
os nossos sonhos estrondosos,
hão de regressar a um espaço de liberdade.
Neste lugar de casas de madeira,
que os nossos corpos robustos se levantem
no cume de uma alta montanha
e que os nossos braços cor de bronze acenem,
o ocaso a escurecer sobre as nossas costas.

Nesta franja de terra chamada Liangshan,
ouçamos o riso genuíno das nossas mulheres,
e que elas cantem e dancem
enquanto os seus peitos se estiverem a encher,
orgulhosos, debaixo de raios de sol.
E que as suas crianças durmam na sombra verde,
amamentadas pela frescura da terra.
Então, seus ternos sonhos,
seus ardentes sonhos,
voarão por céus de amor e amizade
neste lugar de casas de madeira.

Quando descobrirem os seus amplos seios
e amorosamente baixarem as frentes de bronze
para alimentar os filhos,
será o próprio ocaso a adormecer.

O NÓ DE HERÓI
E O CAÇADOR[1]

A estrutura de ponta arredondada que se levanta do crânio,
onde um cordão de tela alcança o vértice,
põe fim a um caminho de montanha em espiral.
A corrente de um regato montanhês flui até o seu limite.
No oceano transparente do céu,
estende a sua longa cana de pesca.

No centro azul do ar, esta cana de pesca
lança as nuvens e o fumo nublado da cozinha.
Na luz tênue do amanhecer,
cada baforada de névoa
daquela silhueta aquilina
dilui-se no sentido da floresta.
Só na luz oblíqua do sol podes ver
duas sombras projetadas pelo nó
e um cão de caça.
O nó mexe-se pomposamente.

Leva uma baga ácida e amarga na boca.
O seu olhar rebobina a cor castanha,
como um longo fio de pesca,
talvez devido ao fumo da lenha e à carne de cervo.
Perante os seus olhos há pegadas para examinar.
A cana de pesca oscila de forma sedutora,
afugentando pequenos esquilos.
Então, o caçador repousa na ladeira do outeiro,
deixando que o cão negro se sente
e lamba o vinho de arroz que chuvisca ao entardecer.
Mas a cana de pesca levanta-se, rígida como sempre.

---

[1] O "nó de herói" é um acessório decorativo no toucado tradicional masculino dos nuosus, feito de tela torcida e apertada, com uma protuberância redonda que o remata.

O BOSQUE E O PINGENTE DE CERA DE UM CAÇADOR

Em cada estação, o vento, como um grupo de meninas,
esculpe uma silhueta na montanha
e com tesouras pequenas recorta a forma das tuas orelhas
de encontro a um mar azul de lembranças do bosque,
onde as árvores crescem com ânsia,
onde os teus maravilhosos ouvidos
se convertem em pássaros a voar.
Caçador, esses ouvidos fazem crescer asas,
essas orelhas estão grávidas de um pinheiro,
que cresce com vontade a norte do bosque,
que cresce com vontade a sul do bosque,
que cresce com vontade de ser visto pelo teu pai,
que cresce com vontade de ser visto pela tua mãe,
para o sol brilhante e senhorial, seguro de si mesmo,
para a lua tão recatada e tímida,
onde o teu tímpano, fino e transparente,
reveste um manto de neblina.
Enquanto pequenas naves no teu ouvido, como trilhos,
se transformam em regatos infinitos que cantam
em resposta aos pássaros do tanque de rega.

Escutas o outono passar entre as copas das árvores,
como uma frota de estrelas acabada de chegar.
Um capitão que dirige um trevo solta a âncora.
O vento segue à deriva, leva melodias de libélula.
Num lugar onde os insetos trocam segredos,
uma borboleta veste uma capa de íris ao amanhecer.

Ouves os esquilos a acumular provisões de versos,
serão usados num prelúdio escrito na alvorada.
Enquanto as formigas espiam segredos humanos,

escutas o regato, recitando o bosque de julho.
Cada um dos seus corpos dará o toque de clarim.

E as cabras montanhesas na bruma
fabricam uma beleza indescritível.
Ouves cada som do bosque inteiro.
Tudo manifesta vontade de viver abertamente
e vaticina uma tempestade de amor.

Caçador, ó caçador, vejo o bosque
no pingente azul de cera
que levas no teu lóbulo varonil,
agasalharás a deusa que se banha na Via-Láctea
e que te observa, iluminado pelo sol eterno.

LAGO LUGU

Alguns dizem que o Lago Lugu é uma donzela do planalto e que a Montanha do Leão é a sua mãe. Por algum estranho motivo, esta mãe não deixava a sua filha sair para casar.

O vestido azul perde-se numa névoa densa.
Onde andas, garota das montanhas?
Perguntarei à leoa, mãe eterna da garota do planalto,
uma mulher obstinada como as rochas,
uma viúva desalmada, envelhecida antes de tempo.

Durante muitos anos, manteve a garota no seu abraço.
Até o vento esqueceu que se tratava de uma mulher maldita,
uma solteirona sem préstimo para a castidade.

Aquele vento indômito era o discurso loucamente apaixonado
de um rapaz que caminhava pelas margens da ribeira.
Mas tudo isso passou, como um sonho distante do coração.
Muitos homens afogaram os corações neste calmo lago.
Uma mãe invulgar, o túmulo de uma garota inocente.
Tenham piedade da garota do planalto, ainda adormecida
                              [e tão serena.
Todo o seu corpo está exposto enquanto ela avança em sonhos,
chorando na cama que ondula como brocados.
Será apenas isto que ela irá conhecer?
Passaram milhares de anos, a mãe petrificou-se,
o coração da garota se liquefez.
E o homem?
Um pescador sofrendo com males de amor.

A DANÇA DULOHXO

A dança dulohxo é realizada por bailarinos que juntam as mãos, formando um anel, enquanto giram lentamente.

Devido à extensão selvagem da natureza, dão as mãos,
pisando as terminações nervosas com passos delicados.
Que o sonho sobre aquela terra,
terna representação, sonho de astrágalo,
não seja interrompido pelas suas pegadas,
deixando algumas pétalas solitárias ao entardecer.

Então, deixem-se levar por esse redemoinho de sonhos.
Continuem cantando, emprestem a voz a uma velha melodia.

E assim, antes que caia a noite cerrada,
há aqui muito para encher o coração,
para cativar a vista
para cansar o berimbau.

Mas os passos de dança continuam, continuam os feitiços
dirigidos à terra, ao amanhecer e às coisas distantes.
Um pé vai pisando o sonho úmido e carnudo.
Outro pé vai pisando o tenro e meloso chamamento.
Que sedutor, que incrivelmente sedutor é este som!

UMA CANÇÃO PARA A MÃE

Nas montanhas de Liangshan, os casais de gansos selvagens faziam ninho nas margens de vários lagos. Todos os anos, quando os bandos de aves migratórias sobrevoavam esses lagos, os gansos selvagens ensinavam as crias a se juntar à migração. Estas resistiam em partir, os gansos tinham de obrigá-las, batendo as asas com grandes movimentos. As populações locais assistiam a esse espetáculo e, entre a multidão, as mulheres sempre choravam.

Porque não havia mais neve no norte.
Porque era o momento
para uma longa viagem
que começava aqui.
Quando soavam as vozes das crias de ganso, ó mãe!
Não podia realmente ousar
um longo fôlego,
não podia realmente ousar
os olhos abertos.

Após muito tempo,
ergui furtivamente a cabeça para olhar.
Nenhum ganso jovem podia ver-se no céu,
nenhum ganso jovem podia escutar-se na ribeira.
Ai, mãe!
Esse era o momento em que choravas,
abraçando-me com força,
soluçando sem parar.

Porque as estrelas também brilham em lugares remotos.
Porque uma menina
que alcançou certa idade
também deve ir para longe.

Não sei em que dia iniciei o caminho até as montanhas distantes,
montado num cavalo adornado de vermelho.
Voltei a cabeça e vi que aquele caminho para a minha cidade natal
estava cortado pelo crepúsculo.
Ai, mãe,
nesse momento em que te vi
de pé, sozinha,
numa alta colina,
cobrindo o teu rosto curtido pelo tempo,
com teus dedos enrugados e soluçando.
Ai, mãe,
chegou o dia
em que realmente entendi
a razão pela qual a partida dos gansos
despertava em ti
tanta tristeza,
a razão pela qual essa partida te afligia tanto.
Ai, mãe,
minha querida mãe.

À PROCURA
DO OUTONO

Em todas as partes há notícias do outono,
essa estação rica em mistérios.
Quando as cotovias sobrevoam a eira,
os filhos dos camponeses estão contentes,
apontando com os seus pequenos dedos,
como se traçassem o nome do outono.
Ah, outono, velho conhecido, mas ainda estranho.
Onde estás, onde estás, onde estás
e por que as crianças não te podem ver?

As camponesas moem grãos sobre a nora.
Os seus risos deslizam na eira.
Sopra vento de outono,
levanta as saias de percal,
despertando ternura,
enquanto um redemoinho de cores outonais
se transforma em pássaro.
Nos campos, o seu canto
é acompanhado por grilos,
libélulas de asas vermelhas volteiam no ar.
Ah, outono, velho conhecido, mas ainda estranho.
Onde estás, onde estás, onde estás
e por que as crianças não te podem ver?

O outono está nos braços cruzados das camponesas,
esconde-se nas cascas onde secam os grãos.
Submerso num sono de âmbar,
apoia a cabeça na terra plenamente madura.
Quando chovem golpes de debulhadoras no campo
e os feijões rebentam incontrolavelmente do chão,
o outono despe-se como um menino,
quer fazer a dança da fogueira livremente.

Depois, as crianças da quinta adormecem
e cada par de olhos negros cai
na dourada paisagem outonal.
Assim, a estação madura mantém o domínio.
Quando as camponesas apertam os filhos no colo,
o outono esconde-se no peito das mães
para que cada criança seja amamentada.
Ah, outono, velho conhecido, mas ainda estranho.
Onde estás, onde estás, onde estás
e por que as crianças não te podem ver?

A EPOPEIA
E O HOMEM

Sinto como se as montanhas estivessem ocultas na distância.
Sinto como se um oceano descansasse a meu lado.
Sinto que a terra se estende infinita.
Sinto que o céu de um azul noturno transborda melodias.
Sinto o amor como chuva ao entardecer.
Sinto, ao largo da rota migratória de um povo,
todas as pegadas dos bois,
as pegadas dos cascos das ovelhas,
as pegadas de homens e mulheres
foram imortalizadas.

Parece-me ver o deus dos antepassados na luz das estrelas.
Parece-me ver os músculos dos antepassados nas curvas
                                                [da montanha.
Parece-me ver o trigo sarraceno crescer nos corpos dos
                                                [antepassados.
Parece-me ver o sol de ouro converter-se em lâmpada.
Parece-me ver um diário antigo escrito na terra.
Parece-me ver um grupo de pensadores profundos sobre
                                                [o planalto.
Parece-me ver uma porta com a inscrição *Livro das origens*[1]
e empurro essa porta pesada.
No horizonte da antiguidade, vejo uma águia
voando na minha direção
e, depois, debaixo da árvore dourada de uma civilização futura,
vejo um ser humano de pé.

---

[1] Uma epopeia do povo nuosu onde se fala da região de Liangshan.

O RIO SHALO

O Shalo é um rio que se encontra na povoação natal do autor.

Deitado nesta terra,
vou adormecendo.
(Ó cantiga que vem do coração,
cheia de amabilidade
do meu povo,
adormeço no teu sono agora.)

Deitado nesta terra
acordo docemente.
(Ó livre
e nobre sangue
do meu povo,
acordo com a tua meiga chamada.)

DEJYSHALO, MINHA TERRA NATAL

Segundo as crenças nuosus, shymumuhxa é uma dimensão semelhante ao limbo, entre o céu e a terra, para onde vão as almas depois da morte.

Admito que toda a dor vem de lá.
Admito que toda a tristeza vem de lá.
Admito que os seus enredos têm ar de mistério.
Admito que todas as noites se enchem de saudades.
Admito que sangrentas contendas ocorreram lá.
Admito que o meu tio de doze anos foi sacrificado em troca
                                              [da vida.
Admito os dias monótonos.
Admito as sombras deixadas pelo passar dos anos.
Admito o encanto do céu estrelado no verão sobre os telhados
                                              [de madeira.
Admito os nascimentos, confesso as mortes.
Admito as crianças nuas que trepam por muros de adobe.
Admito as rotinas diárias.
Admito a desconsolada no riso da minha mãe.
Oh, admito que esta pátria me viu nascer e me criou.
Mesmo que algum dia vá a shymumuhxa,
chorarei para voltar ao seu abraço.

ESPERANDO

Uma mulher nuosu murmura em sonhos.

Entre a lareira e a pedra do moinho
diluem-se as horas do dia
sem darmos conta. De repente,
subimos uma escada de madeira,
depois encolhemos o corpo para dormir.
Todos os dias são assim,
e assim são todos os meses.
E até quando acordamos à meia-noite,
sentindo-nos perdidos,
observando a lua e as estrelas.

Mesmo quando descemos da montanha
para comprar um espelho redondo,
que não reflita lugares distantes,
é melhor um assento diante da porta de madeira,
pegar numa agulha e espetá-la num sonho.
Às vezes, picamos as mãos, mas isso
não chega a interromper a nossa triste melodia.

Quem pode tomar nota dos dias
em que ouvi o cantar do galo ao amanhecer?
Ao olhar para este vestido vermelho, preto e amarelo,
qualquer um dirá que o seu bordado está bem feito.
Ah, amanhã é o Festival da Tocha.
As sombras do cálido palheiro bem sabem
que os meus ossos cansados começaram a rachar.

DEUS DO FOGO

A liberdade dança nas labaredas, a fé salta a fogueira.
A morte espreita na escuridão, o abismo dorme ao meu lado.
Desde o dilúvio indicativo do caos primordial, o caçador é vestido
                                              [pelo fogo.
Abandona a frialdade — essa mulher puritana — e assegura-te
                                              [de que cada verso
é altivo como a luz, pois as flores do pecado estão ali a
                                              [desabrochar.
Fazem tremer a terra ao elevar um sol deformado
com o som do alarme e da morte nos sonhos, almas feridas.
Deixa o pânico correr, se os seres forem abençoados com
                                              [tranquilidade.
Deixa as feras e os demônios serem consumidos no espaço
                                              [em chamas.
Com um coração em forma de pêssego que abre caminho à
                                              [luz do dia,
o amanhecer terá as suas contrações.
Tudo começa, não quando o galo canta, mas no instante em que
                                              [abro os olhos.

A VELHA CANTORA

Depois de cantares uma música aprendida na juventude,
ficas tímida, de faces coradas.
Duas adoráveis estrelas parecem dispostas a saltar
dos teus velhos olhos.
Entras cambaleante na memória
pelas trincheiras do teu rosto enrugado.
Ah, este chão arado pelo vento e pela chuva!
Na margem desta região parda,
valorizas o mais precioso de uma mulher:
é o sol do teu dia,
é a lua da tua noite.
Cresce um arco-íris no teu olhar,
espectro sonhador diante de um lago.
Dias e noites de sonhos foram teus naquela época.
E todos os homens te deixaram num sonho desse tempo,
partiram ao amanhecer,
tomando a flor da tua juventude, deixando para trás o teu coração.
Esperando por eles,
cantas até agora essa melodia.

CORES

Podes tirar o meu chapéu de palha com o sopro do vento.
Podes molhar o meu chapéu de palha com a chuva.
Podes destruir o meu chapéu de palha com relâmpagos.
Podes até usar artifícios ardilosos
para levar o meu chapéu de palha.

A minha mãe disse: filho,
nas grandes montanhas que se erguem como uma manada
[de elefantes,
há um chapéu de palha que será sempre teu.
Então, fui em direção às grandes montanhas
onde vi o sol
lançar a sua rede de ouro.

Podes desfazer a minha roupa em pedaços com os dentes.
Podes rasgar a minha roupa com as próprias mãos.
Podes golpear a minha roupa com facas.
Podes usar meios vis
para destruir a minha roupa.

A minha mãe disse: filho,
sobre o teu corpo robusto
tens adornos que serão sempre teus.
Depois disso, acariciei o meu melhor traje,
agitação, ondas de bronze:
a minha própria pele.

SEMPRE BONITO O AMARELO

Está para além de mim expressar por palavras
esse calor que não tem fronteiras,
essa extensão sonolenta da cor.
Está para além de mim explicar com claridade
porque induz as pessoas
a fazerem longas pausas em silêncio.
Ah, voz desconhecida,
linguagem didática,
perdoa-me, porque só te posso dizer,
neste momento de resignação,
que seria impossível mudares-me!

ALGUÉM PERGUNTA

Alguém pergunta o que determina o número
de antílopes nas planícies de África.
Do mesmo modo poderia perguntar
porque é que a fertilidade das zebras e dos gnus
não desencadeia o seu próprio desastre.
Disseram-me que os leões e outros animais carnívoros
são os guardiões do equilíbrio deste reino.
Não admira que um poeta já se tenha interrogado
como irá o mundo acabar:
por obra do fogo ou da água?
Assim perguntou Robert Frost[1].
A questão foi, desde então, respondida:
o destruidor do mundo não será o fogo, nem a água,
porque a humanidade é agora a fonte de todos os males.

---

[1] Robert Frost (1874-1963) foi um poeta americano que recebeu o Prêmio Pulitzer em quatro ocasiões distintas, na categoria de poesia.

QUERO DIZER-TE

Quero dizer-te,
minha terra natal de Dejyshalo,
que és tão remota, tão infinita,
que estás entre as nuvens brancas
e ao lado do sol.

Quero dizer-te,
minha terra natal de Dejyshalo,
se tiver que morrer, não deixes que me mandem
para um crematório fora da cidade:
temo que qualquer memória
pudesse fugir e nunca mais encontrasse
uma janela para respirar.

Quero dizer-te,
minha terra natal de Dejyshalo,
que estas melancólicas melodias
desaguam num único rio.
Queridos parentes distantes,
levem, por favor, os meus restos mortais
para longe deste sítio que não me é familiar.

Quero dizer-te,
minha terra natal de Dejyshalo,
que deveria voltar para as montanhas
desde que vim das montanhas.
Tão grande é o mundo,
mas apenas nesse abraço gentil
pode a minha alma encontrar o seu descanso final.

SOSSEGO

Mãe, minha mãe,
perguntei ao sábio bimo,
perguntei ao velho suni[1],
quando e onde poderia encontrar sossego,
mas nenhum me soube dizer.
Um fez soar vigorosamente o sino de oração;
o outro apenas redobrou loucamente o tambor de pele de cabra.
Ah, gostaria de dormir, como gostaria de dormir!

Mãe, minha mãe,
procurei o sossego dos lagos,
procurei o sossego no céu,
procurei um sossego místico,
procurei um sossego fantasmagórico.
Depois entendi realmente
que neste mundo
não há um único lugar tranquilo.
Ah, estou exausto, estou tão exausto!

Mãe, minha mãe,
toma-me agora no teu caloroso abraço.
Enquanto se aproxima a noite escura,
liberta-me dos sonhos de ontem
porque neste mundo indeciso,
devido a um amor íntimo, um amor profundo,
o teu filho escreveu versos cheios de tristeza.
Ah, estou exausto, estou tão exausto!

---

[1] Feiticeiro do povo nuosu.

MENSAGEM

O que desejo
é o que já desejaste para ti.
Sou apenas um símbolo
na imensidão do firmamento estrelado.
Valho menos que um momentâneo raio de luz.

Procuro simplesmente uma oportunidade inesperada
dentro de uma entropia maior
como um rio de fantasias
que lança gargalhadas e lágrimas
em todos os cantos
de áreas ilusórias.

Acreditava que a terra era muito larga.
Na verdade, esse foi o meu erro.
As formas dos mortos dissipam-se diante de nós.
Ó mar do tempo, podes dizer-me
para onde foram todos?

DIA DE OUTONO

Agora sinto a tua falta em Veneza.
Durante todo este tempo não me visitaste,
e será impossível que o faças.
Agora sinto a tua falta noutro país,
onde a luz do sol inunda cada janela.
Esta inexplicável melancolia
é como a maré, gemendo na entrada do porto.
Agora sinto a tua falta numa terra estranha.
O meu sonho coxeia,
cruzando trilhos entrelaçados de memórias.
Agora sinto a tua falta em Veneza,
neste dia de outono, esplêndido e tranquilo.
Parece que estou um pouco febril.

JESUS E O GENERAL

Pode
amarrar firmemente
o seu outro par de mãos?
Ele é tão visível
como invisível.
É ao mesmo tempo um
e milhares.

Pode impedir
que a sua alma voe
livremente
à sua maneira?
Ele é como a luz do sol
e como o ar também.
Mais mágico
do que sonhos e lendas.

Seja como for,
gostaria
de avisá-lo, meu General,
que nada é eterno
exceto a consciência humana.
A denúncia da violência
não cessará.

O MOSTEIRO BUDISTA
NA MONTANHA DO LEÃO

Para o monge budista que outrora foi o Imperador Jianwen.[1]

Um homem que já foi governante
está sentado na escuridão com as pernas cruzadas
e as pálpebras fechadas.
Os tênues feixes de luz que emanam da lamparina
e a quietude da sala de meditação
dão à sua toga um toque irreal.
Abre os olhos de vez em quando
para ver um velho monge
atravessar a ombreira cada vez mais alta
com passos hesitantes.

Sabe que é Ye Xixian, seu antigo conselheiro,
o oficial de alta patente que compartilha o seu longo exílio.
Oh, agora estão velhos!
Não lhes resta mais vida além de sonhos que recordam.
Não admira que um sorriso faça o governante semicerrar os olhos
ao ver o seu amigo entrar na sombra.
Percebe que o poder e a alta patente
nada podem contra a morte e a passagem do tempo.
Há muito que deixou de acreditar em algo,
viu as formas transbordantes da juventude
desvanecerem-se no rio dos anos.

---

[1] O Imperador Jianwen, da Dinastia Ming, reinou de 1399 a 1402, data em que perdeu o poder para o seu tio Zhu Di, que se tornou o Imperador Yongle. Diz-se que o imperador deposto tornou-se monge num templo na província de Yunnan.

CANTO DE ELOGIO À DOR

Dor, procurei-te muito
sem saber onde te achar.
Caminhei por todas as avenidas:
mas não é fácil reconhecer-te o rosto.
Dor, desta vez encontrei-te, e fui eu
quem estendeu um caloroso abraço.
Dor, quando decido acariciar-te,
há em ti algo inspirador.
Oh, dor pungente que me faz tremer!
Já que te encontrei,
não vou ficar ansioso para saber se são
espinhos ou grinaldas que no final me coroarão.
Dor, preciso de ti, e a culpa não é tua:
fui eu que escolhi assim.

PALAVRAS DE BOAS-VINDAS AO MUNDO

És um evento fortuito?
Ou um fruto místico do Criador?
Creio que isso pouco importa
quando alguém vem a este mundo.
Não esperes que te diga com antecedência
o que é a felicidade humana,
o que é o sofrimento humano.
Apesar de tudo, a bênção que te ofereço é verdadeira.

Embora não consiga saber o teu nome,
vejo em ti a encarnação
de todas as coisas boas.
Se sentires necessidade
ofereço-te esta oração única:
meu filho, ama a humanidade.

PENSAR NO VINHO

Pensar no vinho
é reviver um antigo capítulo da história.
Pensar no vinho
é recordar uma velha aldeia da montanha.
Ao pensar no vinho
recordas um amigo que não vês há muito.
Ao pensar no vinho
recordas um livro que não lês há muito.
Pensar no vinho
é como ouvir o fragmento de uma música antiga,
e, sem dares por isso, os olhos enchem-se de lágrimas.
Pensar no vinho
é como caminhar pela chuvosa travessia do tempo.
Todas as tristezas e alegrias que passamos
regressam num instante ao limiar da memória.

O ÚLTIMO
DOS BÊBADOS

Ao redor de uma pequena mesa
esticas a tua pata de leão
para escrever o mais terno poema de amor.
Apesar do teu riso dissoluto,
a nossa imaginação vagueia.

O teu sangue está repleto de conflitos.
Não sei dizer se és realmente filho de um líder.
No entanto, o teu cabelo emana um cheiro a pele de ovelha.
Estás condenado a sofrer de uma doença mental.
Algumas personagens desapareceram das pastagens.
Toda a tua vida choras as suas mortes num pranto agudo.

DEIXA QUE O
CERVO DÊ A VOLTA

Há uma fábula sobre um cervo que, ao ser perseguido por um caçador, parou na beira de um penhasco, sem possibilidade de fuga. De repente, o cervo se virou e se transformou numa bela donzela. No final, o caçador e a donzela se tornaram marido e mulher.

Esta história é uma revelação
para este mundo e para todas as raças.

Esta é uma linda história.
Se pudesse apenas acontecer na África
    ou na Bósnia-Herzegovina ou na Chechênia.
Se esta história pudesse apenas acontecer em Israel
    ou na Palestina, ou em qualquer lugar
onde ocorrem massacres e conspirações são traçadas.

Se apenas os seres humanos não necessitassem tocar no fundo
                                      [do desespero
para que acontecessem milagres de amor e vida.

MURO DE ADOBE

Por muito tempo, ignorei que pedras em
Israel pudessem comover os judeus.

Visto ao longe,
o muro de adobe parece adormecido debaixo do sol.

Questiono-me por quê,
no fundo da minha consciência,
a imagem que aparece amiúde
é este muro de adobe dos nuosus.

Tento sempre decifrar
o segredo detrás dessa visão,
quando vejo esse muro,
a tristeza preenche-me.

Na verdade, apenas existe um muro.

CANTO DE LOUVOR
AOS POVOS INDÍGENAS

*Escrito para o Ano Internacional dos
Povos Indígenas das Nações Unidas.*

Cantar em vosso louvor
é cantar em louvor à terra,
é cantar em louvor aos rios
e aos inúmeros habitats dos seres humanos.

Conhecer-vos
é conhecer a vontade de viver,
é entender por que as pessoas se reproduzem e multiplicam.
Quem sabe quantas raças, agora sem nome,
viveram nesta nobre terra?

Ter compaixão
é ter compaixão por nós mesmos,
é ter compaixão pela nossa dor e aflição.
Um homem viu-nos montar a cavalo
até que desaparecemos numa suposta cidade civilizada.

Acarinhar-vos
é acarinhar a consciência humana,
é acarinhar as balanças que pesam
a nossa decência e a nossa maldade.
Através dos séculos, a história revelou
que os povos indígenas sofreram a dor mais cruel.

Abençoar-vos
é abençoar o trigo sarraceno e as batatas,
é abençoar os alimentos mais antigos do mundo.
Então, o correto seria dar, sem reservas,
a vida e os sonhos que as nossas mães nos deram
como oferendas de paz, liberdade e justiça humana.

A PÁTRIA DE
GEÓRGIA O'KEEFFE

Para a maior pintora americana do século XX.

Talvez esta seja a mais solitária das pátrias,
por estar tão distante do mundano.
O vento que sopra através dos sulcos de terra erma
diz-nos que só uma pessoa poderia estar esperando aqui.

Este alto país é a região mais próxima de Deus.
Se assim não fosse, jamais teriam escutado
as flautas celestes que se tornaram cores
ao livremente atravessarem este reino puro.

As tuas mãos eram donas de uma prodigiosa linguagem
que abriu a porta escura com ornamentos de caveira.
Quem poderia imaginar que, quando chegasse a tua hora,
a raiz da mandrágora emitiria tão profundo suspiro?

O'Keeffe, eras um sonho feito carne.
O teu vazio e o teu mistério eram os mais elevados.
Nunca a realidade tinha dado tantas provas
de tudo o que poderia ser a vida de uma mulher.

RECORDANDO O SÉCULO XX

Para Nelson Mandela.

De pé nas margens do tempo,
de pé no miradouro do espírito,
recordo o século XX.
Neste momento não tenho lágrimas,
são-me estranhas a alegria e a dor aguda.
Pareço estar num espaço alternativo
a rever este incrível segmento da história humana.

Em verdade, durante estes cem anos,
a guerra e a paz nunca estiveram longe,
as denúncias de violência nunca cessaram.
Alguns cantaram a liberdade,
outros entregaram-se em nome da democracia,
mas a tirania e os abusos foram o destino de muitos.
Em verdade, durante estes cem anos,
um sem-fim de fantasias memoráveis viram a luz e,
ainda assim, os desastres pisavam-lhes os calcanhares.
Em verdade, durante estes cem anos,
a humanidade multirracial atingiu novos níveis civilizacionais
para os quais todos derramamos lágrimas de gratidão
desde os nossos recantos do planeta.
Oh, século XX!
Permitiste que alguns celebrassem a chegada da paz,
mas turvaste de ódio o olhar de outros.
Enviaste os negros para a rua reclamar pelos direitos humanos,
e depois permitiste que os massacres e a violência eclodissem nas
[suas pátrias.
Deste-nos a conhecer Karl Marx
e também nos apresentaste a Friedrich Nietzsche.
Deixaste-nos ver Einstein propor a teoria da relatividade

e converter-se em cristão no final.
Reduziste as ideias de gigantes a nada
enquanto imprimias as declarações de um Zé Ninguém
[como verdade.
Espalhaste a doutrina fascista de Adolf Hitler
e promoveste o pacifismo do sábio Gandhi.
Permitiste que o socialismo triunfasse em alguns países
enquanto deixavas decair o movimento trabalhista internacional.
Numa época que viu nascer o conceito pansexual de Freud,
glorificaste Khomeini e a Revolução Islâmica.
Deixaste Martin Luther King conquistar a fama mundial
para depois fazê-lo pagar, crivado de balas.
Na África criaste o ditador Bokassa, capaz de se render
[ao canibalismo,
e também na África criaste Nelson Mandela, o orgulho da
[humanidade.
Derrubaste o Muro de Berlim do dia para a noite
e, ainda assim, alimentaste o ódio entre a Chechênia e a Rússia.
Sem esperar que árabes e judeus chegassem a um acordo real,
provocaste um novo conflito e uma nova crise no Kosovo.
Permitiste que os humanos se deleitassem numa indulgência
[extrema
para depois submetê-los à dor e tormento da aids.
Permitiste que percebessem as claras vantagens da
[engenharia genética,
mas alienaste o espírito humano num pântano industrial.
Desenvolveste a tecnologia da era da informação
e fizeste-a chegar às tribos mais remotas da América Latina,
ao mesmo tempo que permitias que uma cultura aniquilasse outra
sem ter que recorrer à pólvora.
Na Europa, enviaste aos esquiadores a tão esperada neve,
mas na Colômbia as chuvas libertaram tanta água
que um povo indígena foi destruído pelas enchentes.
Permitiste-nos observar a preciosa Terra a partir da Lua,
fazendo-nos acreditar que todos somos irmãos e, no entanto,
colocaste-nos uns contra os outros por diferenças religiosas,
consentiste massacres em Jerusalém e nos Bálcãs.

Trouxeste a tecnologia que viabilizou o transplante de órgãos,
mas esses mesmos órgãos ficaram aterrorizados com as
[armas nucleares.
Em Nova Iorque nos preocupamos com as flutuações de mercado,
enquanto na África as pessoas ainda vivem ameaçadas por
[doenças e fome.
Oh, século XX,
quando realmente te recordo,
descubro até que ponto és um enigma!
És preciso, mas também aleatório.
Pareces confirmação do passado
mas também prenúncio do futuro.
Deus deve ter perdido o controle sobre ti por um momento
e, como uma faca de dois gumes, caíste sobre nós.

RECORDANDO A MINHA JUVENTUDE

Para a Universidade das Minorias Étnicas do Sudoeste.

Contemplei um tempo distante
como os raios débeis de uma estrela da manhã
cintilando através da neblina,
perguntando-me se as obras passadas foram já esquecidas.
Mas a realidade me diz
que ainda estão perto, como se tivessem acabado de acontecer.
As minhas lembranças desvanecidas são um vale deserto
onde a voz de alguém chama por mim novamente.
Na entrada da biblioteca
está o livro sagrado de um poeta
no longo inverno predito por Akhmátova.
Aguardo ansioso em nome da esperança
sem pensar nunca que o verde e sombrio caminho
seria invadido pelo musgo solitário.
A poesia daqueles tempos simbolizava a consciência.
Então, um dia, orgulhosamente anunciei ao mundo:
"Sou um nuosu".

Foi a minha escolha, predestinada a honrar a liberdade.
Sabia que os direitos de todos os seres merecem ser defendidos.
Estava convencido que a dor profunda de um povo
pedia aos meus poemas que servissem de memória.
Enquanto outras pedras dormiam,
bebi leite da fonte,
espírito do nosso povo, leite negro como o azeviche.
Desde então dediquei a minha vida
à imortalidade e ao deslumbramento
consoante esta viagem traça a sua rota através do tempo.
Impossível saber por quantas paisagens
passará ainda o clop-clop dos cascos do meu cavalo.

Quando a lassitude desaparece, os meus sonhos me dizem
para continuar a renovar esses apaixonados pensamentos
[juvenis.
Apenas a beleza estonteante da juventude
pode recuperar para a eternidade o que foi apagado.

AGRADECIMENTO À TERRA NOBRE

Ao nascer há apenas uma forma
de entrar neste mundo,
mas para abrir a porta da morte
existem múltiplas e variadas maneiras.
Ao falar da terra nobre,
independentemente da nossa nacionalidade,
espírito adentro sempre encontramos
a imagem do nosso pai e da nossa mãe.
A terra concede-nos a vida:
permite que a progênie humana
seja frutífera no seu berço eterno.
A terra nobre dá-nos a linguagem
e deixa que a nossa poesia se propague
por este mundo antigo e, ainda assim, sempre jovem.
Quando olhamos o firmamento estrelado,
ao deitarmo-nos no peito da terra,
os pensamentos que surgem na nossa mente
têm de voar para lugares remotos
seguindo os ventos do outono.

Terra nobre, não sei por quê
nestes momentos
o meu coração se enche de desconforto.
Passamos a vida fazendo exigências à natureza,
sendo a nossa contribuição tão escassa.
Penso nas terras salgadas onde as marés recuaram.
Apesar do solo pobre e infértil,
uma espécie de jujuba cresce desafiante.
Os seus galhos curvam-se com o peso dos frutos,
assim retribui à terra que a nutre.
Quando nós, humanos, passarmos por ela,
levantaremos as mãos em sincera saudação.

LIBERDADE

Perguntei uma vez a um verdadeiro sábio
o que significava a liberdade.
A resposta foi fiel ao que dizem os clássicos.
Achei que as suas palavras continham a liberdade inteira.

Um dia, ao pôr do sol,
nas pradarias de Nalati,
vi um cavalo
a andar sem rumo, sem preocupações,
enquanto um cavaleiro cazaque
dormia profundamente
no seu dorso.

Sim, o sábio deu-me uma definição de liberdade.
Mas quem poderia dizer, nas pradarias de Nalati,
qual era o mais livre,
o cavaleiro ou o cavalo?

DEDICADO A 1987

O sacerdote me disse:
este cisne selvagem tão branco e perfeito
não é outro senão o teu falecido pai.
Vive nos pântanos da nossa cidade natal, Jjile Bute.
A sua postura é nobre e a sua ingenuidade é perceptível
a partir do olhar que lança ao coração.
O seu aprumo intemporal enquanto voa
parece reviver uma memória arcaica.
Elevam-se como sonhos as colunas de fumo
onde as pessoas cozinham, a sua silhueta sobrevoa uma
[cumeeira.
A sua graça incomparável é uma ponta de flecha
que num instante atravessa
o portal do espírito inabalável da nossa tribo.
Em verdade, eu já sabia que no Grande Liangshan,
no momento em que uma vida morre,
renasce em outro lugar e com outra forma.

ENTRE A ESPERANÇA
E O DESESPERO

Dedicado a Yehuda Amijai, poeta israelita.

Não sei
o que está na última página
do livro sagrado de Jerusalém.
Mas sei que uma bomba explodiu
num ônibus de Belém
ao passar em frente a um café, junto à estrada.
Na explosão, uma vez mais,
a esperança momentânea que surgiu do desespero
provou imediatamente ser uma bolha.

Não sei
se posso utilizar a dor como balança
para pesar a vida e a morte,
porque uma bomba é acontecimento rotineiro
em todos os cantos de Jerusalém.
No entanto, nunca cessei
de denunciar a violência
e de expressar o meu profundo desejo de paz.
Pensei que as balas
seriam para sempre relegadas ao passado.
No entanto, atrás da barreira israelita da Cisjordânia,
os gritos das crianças
estão hoje inundados de sangue.
Não consigo crer novamente numa força suprema de criação.
Por milhares de vezes,
o ciclo da violência reduziu as nossas esperanças
a um único desespero.

A história desta cidade
parece destinada a ser assim.

Desde o dia do seu nascimento,
o ódio e a traição acompanham os seus habitantes.
Acariciar uma pedra aqui
significa acariciar lágrimas humanas
(porque quando ouvimos estas pedras,
só escutamos choro).
Eu não sei
o que está na última página
do livro sagrado de Jerusalém.
Mas sei
que na antiga cidade de Jerusalém
entre a esperança e o desespero
existe uma só opção,
o caminho da paz.

SEGUNDO DIZEM

Ouvi dizer
que o bater das asas de uma libélula
nas selvas andinas da América do Sul
pode provocar uma tempestade
no Oceano Pacífico.
Pergunto-me se a morte de uma ovelha
em Jjile Bute, a minha terra natal,
pode assustar um leopardo nas planícies da África Oriental
embora não presencie tais maravilhas
no instante em que ocorrem.
Acredito, no entanto, em ligações místicas e ocultas
que unem todos os seres deste mundo.
Um dia chorei a morte de uma língua
simplesmente
porque guardava a memória de um povo,
símbolo da criatividade humana.

Hoje, mesmo do topo de um arranha-céu,
poucas são as possibilidades de avistar uma aldeia indígena.
A cabana que resistiu e deu alento a uma epopeia
apenas pode surgir agora nos sonhos de um vagabundo.
Por aqueles que perderam a terra e a pátria,
senti tristeza e desilusão,
hoje enfrentam
este estranho mundo de aço e cimento.
Só lhes resta a cruel alternativa
de esquecer.

RECONHEÇO, ADORO ESTA CIDADE

Nesta cidade[1]
a luz do sol é mais bonita à tarde.
Bandos de pombos fazem deslizar sombras
ao longo dos arbustos e das torres de escritórios.
Essas cortinas evanescentes
de orvalho, de neblina azulada,
brilham como ágatas
entre cordilheiras distantes.
O encanto infinito desta cidade
talvez resida nas dobras do seu solo irregular.
Como uma parábola, a sua beleza exala mistério.

Reconheço, adoro esta cidade
porque, cada vez que a vejo,
surpreende-me e assalta-me uma estranheza
que supera de longe a familiaridade que tenho com ela.
Parece sempre esconder uma certa paixão,
como uma jovem esposa
fresca e cheia de ímpeto.
Sempre que vejo a escuridão
descer no topo do Monte Guele,
as luzes desta cidade começam a tocar
uma sinfonia, um salto no tempo e no espaço.
Essas notas estreladas
juntam-se numa caravana de ouro,
projetando novamente esta cidade montanhosa do Oriente,
como um maravilhoso mar de luz
com vales e cristas de ondas.
Não sei por quê, mas, nesses momentos,

---
[1] Na Segunda Guerra Mundial, o exército japonês realizou vários bombardeios em Chongqing, causando milhares de feridos e mortos civis.

sempre penso nos bombardeios
de há sessenta e poucos anos que a cidade suportou.
Foi o horror supremo, o terror implacável.
Não posso afirmar com certeza se os olhares furtivos dos mortos
ainda espreitam através de todas estas luzes
para nos observar desde outro mundo.
Eles pertencem aos anciões, terrivelmente oprimidos
pela dor e pela indignação.
Às mulheres sufocadas, cujos dedos ensanguentados
arranharam as paredes de adobe dos abrigos antiaéreos.
São mães boquiabertas, mortas,
com os filhos ao colo.
Conheço as denúncias despertadas
por aqueles cinquenta mil mortos
erguidas como um clamor eterno.

Na verdade, o meu amor por esta cidade
tem outro motivo:
esta cidade fantástica
e os seus gentis e generosos habitantes
mantêm sempre os olhos no futuro
e nunca procuram a vingança.
Aqui, toda a vida,
composta de tempo, morte e ânsia de viver,
foi convertida em memória histórica,
solene e universalmente tolerante.
Em certo sentido, poderia dizer-se
que a atitude reflexiva desta cidade para com a guerra
e seu profundo desejo de paz
não diferem da resposta
que a China de hoje dá ao resto do mundo.

DEDICADO AOS
RIOS DESTE MUNDO

Confesso:
cantei em vossa honra
como tenho cantado louvores à terra e aos seres vivos.
Não sei quantos poetas e sábios
neste mundo
vos elogiaram, cada um no seu idioma.
Não sei quantos poemas
integraram o cânone da humanidade
pela vossa existência.
Honestamente, não sou o primeiro
a comparar-vos com uma mãe,
mas o vosso leite ainda alimenta a vasta terra
e todas as pessoas que nela habitam,
como há milhares de anos.
Confesso:
fostes vós os criadores dos primeiros mitos,
com vossas mãos invisíveis
se iniciou o cultivo do solo ao longo das margens douradas.
Creiam, toda a civilização humana
ganhou uma vitalidade infinita
pela mera presença desses rios.
Impressionam-nos também porque são um símbolo.
O nome de honra de um rio é como uma epopeia,
verdadeira crônica do progresso dos homens e seus infortúnios.
Quando prestamos homenagem à civilização
esses grandes rios são o que realmente louvamos.
A sabedoria foi-nos dada por eles.
Transportam a língua e cultura de outras raças,
foram eles que nos deram
tal diversidade de crenças e estilos de vida.
Confesso, rios, a vossa beleza não tem igual,

sois como uma donzela adormecida,
percorre campos oníricos.
Deste-nos, em verdade, a poesia e o amor.
No coração de muitas pessoas,
sois a personificação da justiça e da liberdade,
a consciência e as lágrimas da humanidade.
Socorreis os débeis, tendes compaixão com os oprimidos.
Cada jarro de vossas águas é uma ablução para a alma do povo.
Aos que sofrem, concedeis sempre
a coragem e fé para continuar a viver.
Confesso, a humanidade infligiu-vos sérios danos.

Quando estamos nas margens dos rios secos
ou sentimos o vosso sofrimento pela poluição,
nossos corações arrependem-se num imenso pesar.
Creiam, rios! Prometemos
defender o vosso canto e a vossa honra.
Não desistiremos de dar a vida pela vossa causa.
Ah, rios, mães eternas da humanidade,
deixai-nos regressar ao vosso abraço
e pronunciar uma vez mais vosso nome.

O SOL DE ROMA

Sol inquieto, sol importuno,
sol que anseia aprovação
de uma deusa que o observa.
Canto dos penhascos golpeados pelas ondas,
diz-me, por favor, diz-me,
alguém foi concebido nesse estreito de mar?

Sol aguado, sol conhecedor,
sol que levas sonhos à terra e aos seres vivos,
a noite cai logo depois,
tudo será esquecimento.
Diz-me, por favor, diz-me,
alguém encontrou uma listra de sonho amarelo pálido?

Sol insonoro, sol que ao espírito pertence,
sol que atravessa o tempo e o vazio,
transformando-se em dedos,
forçando as pequenas raízes da terra
a engolir a ambrósia da vida,
diz-me, por favor, diz-me,
alguém encontrou um pedaço de terreno surreal?

Sol misterioso, sol etéreo,
sol que busca refúgio para todas as almas,
eco distante e oculto,
como os passos de Deus
prestes a descender com asas ofuscantes,
diz-me, por favor, diz-me,
alguém encontrou um firmamento sagrado?

ILHA

Oh, Ilha! Virá o dia em que termine
a longa e lenta jornada desta vida
e finalmente chegue à tua lagoa!
Oh, Ilha! Estás fora do tempo e da vida!
Aí, o espaço é desconhecido!
Oh, Ilha! És o chamamento da eternidade!
Sou incapaz de te recusar,
tal como sou incapaz de rejeitar o amor.
Oh, Ilha! Consegues ver
que me dirijo a ti?
O bote desta vida navega no vasto mar,
sem caminhos traçados.

VISITA A DANTE

Talvez seja a porta do Paraíso.
Talvez seja a porta do inferno.

Faz então soar a campainha e espera
que abram.

O tempo passa, mas não há som.

Quem sabe onde Dante
foi esta noite?

CABELO

A Francesco Lentini.[1]

Disse que queria escrever sobre o teu cabelo.
Foi durante um passeio de barco em Veneza.

Disse que queria escrever sobre o teu cabelo.
Lembrou-me das ondas da Sicília, calmas e graciosas.
No teu cabelo escondiam-se mistérios de trevo e jacinto.

Disse que queria escrever sobre o teu cabelo.
Lembrou-me a luz do sol que desorienta
no Mediterrâneo ao meio-dia,
os depósitos de sal puro do oceano.
Fez-me pensar
sobre o vazio total,
para além de todas as escalas temporais.
Nele havia esconderijos de peixe, aventuras de gaivotas
e veias que pressagiam o destino
dentro de um bloco de mármore.

Disse que escreveria algo sobre o teu cabelo.
Foi durante um passeio de barco em Veneza:
creio que a memória não me falha.

---

[1] Francesco Lentini (1899-1966) foi um escritor italiano que chefiou a comissão para a atribuição do Prêmio Literário Internacional Mondello. O poeta Jidi Majia o conheceu em Veneza.

LEMBRE ESTE MOMENTO

Na China,
este é o momento do sprint a fundo.
Este é o momento de tomar decisões.
Este é o momento de glorificar as virtudes interiores.
Este é o momento do medo encontrar a sua compostura.
Este é o momento de ressuscitar as palavras que foram
                              [silenciadas.
Este é o momento que o amor esperava para provar o seu valor.
Este é o momento das pessoas comuns terem impacto no mundo.
Este é o momento de líderes e cidadãos compartilharem
                              [o seu destino.
Este é o momento do sorriso que emerge do desespero.
Este é o momento do herói que faz milagres.
Este é o momento da disputa entre verdade e mentira.
Este é o momento em que a escória não tem esconderijo.
Este é o momento em que a humanidade prefere o monólogo
                              [do espírito.
Este é o momento em que a ação deve incendiar os sonhos.
Este é o momento dos olhos aproveitarem a fonte viva
                              [das lágrimas.
Este é o momento da escuridão prever a luz.
Este é o momento da feroz batalha entre a vida e a morte.

Lembre-se,
aqui na China,
esta época gravará a sua marca nos seus ossos.

QUEM SOIS

*Para as pessoas que arriscaram a vida durante
a epidemia de gripe aviária.*

Quem sois?
Vós que estais vestidos de branco, com máscaras cirúrgicas.
Peço perdão,
o vosso nome não me chega aos lábios.

No entanto, há algo
que posso dizer sem medo de errar:
eram os filhos que tinham os próprios pais.
As velhas mães aguardavam em casa
na esperança de vos ver regressar,
e ainda permanecem à espera.

Ou talvez fossem as vossas mulheres
ou o vosso homem.
A vossa última saída de casa
era necessária para que descobrissem
a importância que tinham na sua vida.
Sois como o arco-íris que chegou
para iluminar vidas comuns.

Os vossos filhos escreveram cartas
que vos fizeram romper em pranto.
Nesse tempo, procurava-se heróis
em desenhos animados.

Quem sois?
Peço perdão,
o vosso nome não me chega aos lábios.

Mas deixai-me dizer-vos,
foram verdadeiros anjos
de carne e osso.
Nunca fizestes grandes declarações;
só assim poderiam demonstrar esse amor.
Deve ser por vós
que a China de hoje
tem lágrimas nos olhos
quando sorri.

DESCOBERTA DA ÁGUA E DA VIDA

Perdoa-me, água do mundo natural,
água para a qual vivo.
Talvez seja por estarmos ocupados com assuntos da vida mundana
ou porque secaram as nossas memórias dos rios.
Imploro o teu perdão, água, por este longo período,
onde submerso numa confusão de sonho e realidade, te esqueci.
Os meus pensamentos vazios foram como um poço sem fundo.
Nessas profundezas sombrias esperei muito tempo.
Água, agradeço-te agora.
A minha vida desperta com o teu chamamento.
Pelo bem da água, a pena da humanidade compôs
uma história de civilização, mais além do espaço e do tempo.
Da mesma forma, graças à água deste planeta,
podemos humildemente oferecer, em nome de todos os seres,
o nosso louvor à água e à vida.
Maravilhemo-nos com uma gota de água
como nos maravilhamos com a vida inteira,
porque para a humanidade, para todos os seres vivos
o destino de uma gota de água pressagia o futuro do mundo.

TIAHUANACO[1]

Sopra o vento na terra nobre.
Sopra por cima do nascimento e da morte.
Sopra o vento na terra nobre.
Chicoteia a terra centímetro por centímetro,
até o limite da vida.
Esquecidas as raízes das palavras.
Esquecida a memória.
Esquecidos o exílio e os banhos de sangue.
Apenas o esquecimento parece admissível aqui.
Mas através dos séculos,
eis um feito inegável.
Neste profundo desfiladeiro da montanha,
um índio, cem índios, mil índios
embarcaram numa jornada solitária
de semblante severo
e olhos chorosos.
Conheço o seu destino,
um lugar para inúmeras almas nobres
alcançarem a memória e a dignidade.
Sei que quando o céu está cheio de estrelas
e a abóbada celeste oculta os crimes cometidos,
não sou capaz de dizer
se a porta do sol se abrirá novamente,
para iniciar uma oferenda à meia-noite.
Tiahuanaco, umbigo da terra indígena,
peço-te que hoje me permitas
chorar pelo retorno do espírito de uma raça.

---

[1] Tiahuanaco é um antigo templo de grande importância para os povos indígenas da Bolívia.

IMAGEM VERDADEIRA

Para Juan Gelman.[1]

Procurando a verdade de um muro,
umas asas te levam
aos limites do pânico.
Fora das palavras,
a consciência rasteja à beira de um pesadelo,
procurando o nome de um atirador
e a distância de uma bala.
Trocam-se mentiras dia e noite.
Onde quer que cantes,
o teu trinado de pássaro dará boas-vindas
a infinitas manhãs de tristeza.
Não há escolha para quem viu
os ossos e o cabelo dos mortos.
A indignação emanará dos teus olhos
mesmo que o coração seja um poço seco.

---

[1] Juan Gelman (falecido em 2014 na Cidade do México, onde residia) é um poeta argentino que ganhou o Prêmio Cervantes.

AVÓ ROSA

Dedicado à mulher que foi o último membro da tribo dos índios Kawésqar da Patagônia chilena; viveu até os noventa e oito anos e era conhecida como a "Avó Rosa".

Foste a última rosa,
murcha aos quatro ventos.
A tua partida mergulhou o mundo
num instante de escuridão total.
No fim do corredor do tempo
olhaste os teus parentes mortos
como se escutasses uma canção de embalar
entre céus estrelados.
Choro a tua morte, Avó Rosa,
como choraria uma velha árvore.
Nestas extensões cósmicas infinitas,
pareces um grão de areia no deserto.
Ninguém sabe onde o vento da manhã
pode levar-te.
Entristece-nos o fim de uma vida
porque os seus genes serão banidos para sempre
da matriz da nobre terra.
Da minha parte, no outro extremo do planeta,
não consigo parar de pensar
nos assassinatos, na destruição, no exílio, nas catástrofes,
palavras tão antigas quanto a humanidade.
Avó Rosa, a tua morte é uma tragédia humana.
Nós, que ficamos,
nunca mais encontraremos um índio
que leve o nome de Kawésqar.
Nunca mais encontraremos a tua tribo
e o pequeno caminho que leva a essa terra.

ALPACA

Não sei por quê,
vista de longe,
a sua silhueta mostra qualidades humanas.
Hoje não é a primeira vez que está ali parada.
Em mais de uma ocasião venceu
o desafio do tempo e da história,
ainda que os seus antepassados,
em sinal de resistência ao tormento e à opressão,
nunca mudaram a forma escolhida para morrer.
E nada fizeram para além de se oporem,
mantendo silêncio, como os penhascos.
Não é de surpreender que José Martí tenha dito um dia
que quando uma alpaca cai e morre,
quase sempre o faz em defesa da dignidade.
Recordo que ao regressar dos Andes,
quando me questionavam sobre a aparência dos índios,
respondia sem hesitação:
É semelhante à das alpacas
que veem no Peru.

A COCA DO ÍNDIO

Despojaram-te de tudo.
Apenas te deixaram
a coca que mascas.
Sei que
ao mascá-la
consegues ver o contorno dos antepassados,
consegues confiar a dor do coração
aos mortos ressuscitados.
Por breves instantes,
consegues esquecer
este mundo sem justiça.
Sei bem
a importância que tem para ti.
Neste momento não possuis nada:
apenas te deixaram
a coca que mascas.
E, no meio da escuridão,
a tua esperança.

O CONDOR, AVE DIVINA

Nos céus sobre o Desfiladeiro de Colca,
o voo parece tornar a alma pesada,
só nessa altura
nos convida a ver as feridas da terra.
Estás para além do tempo.
Quando as asas cortam o ar,
não há sangue, só o vazio coberto de penas
para lançar palavras sobre o abismo.
És um mensageiro do sol e dos seus raios,
trazes hinos e cânticos ancestrais
aos lábios de um adivinho.
Talvez o cume da serra que se vê ao longe
fosse o teu recinto, sagrado durante séculos.
Testemunhaste massacres, conspirações, julgamentos.
És a memória nos tempos difíceis e a tua visão imponente
só poderia pertencer à encarnação de uma raça.
Cacique maior, guardião dos índios,
só pela tua existência pode o infausto destino,
mergulhado em fogo e escuridão,
apagar-se num instante.

A FLOR DE CANTUA[1]

Nas altas encostas da Cordilheira dos Andes,
para quem floresces?
Talvez o teu enigma não tenha resposta.
Quando os murmúrios da noite
te envolvem em todas as direções,
conténs o desejo dos caules solitários
de apenas florir sob as estrelas.
Ao amanhecer, quando brilham as gotas de orvalho,
os raios de sol penetram o ar devagar,
o espaço imaculado do céu
não devolve qualquer eco.
Dormes no crânio da terra nobre,
sem hesitar, dona de ti mesma,
como o amor ardente que aguarda
o seu momento longamente adiado.
Sei, flor de cantua,
linda princesa do reino índio,
que só ao escutares as notas da flauta de pan
revelarás o teu semblante prístino.

---

[1] A Cantua (*Cantua buxifolia*), conhecida como a flor sagrada dos Incas, é a flor nacional do Peru. Dizem que só abre quando se ouve o som da flauta de pan dos índios.

BRASAS NA LAREIRA

Revivo os nascimentos, revivo as mortes.
Quando a órbita da lua se eleva até a ponta dos álamos
em Jjile Bute, por cima das montanhas e dos lugares escuros,
a abóbada azul do céu é iluminada por raios prateados.
Essa era a minha terra antes da ressurreição da memória.
Dia e noite passaram como um mito primitivo ou uma lenda.
Quando amanhece, elogiado por Biashylazze[1], o sol
é como um sábio e usa a sua ternura
para despertar os meus desertos, os espíritos da natureza.
O mesmo sol acordou os homens da minha tribo,
tirando-os dos seus sonhos esvaecidos sob ponchos de lã.
Até que morra, pensarei com nostalgia nessas noites
em que no fogo dormiam os meus entes queridos
enquanto o contador narrava o seu conto. Quem poderia esquecer?
A lembrança é um jogo de luz e sombras.
O tempo tem raios para iluminar um rio perdido,
uma coluna de cavaleiros a aproximar-se de um sonho.
O brilho prateado das selas desaparece
nas profundezas de uma sequência de palavras.
Não temos motivo para esquecer os anciões e os sábios:
último significado da verdade e dignidade desta terra.
Venero os antepassados, viveram na era dos heróis,
e cada epopeia recitada repete essa glória.
É certo que cantei a minha felicidade ao ver
os filhos pródigos regressarem para junto das mães.
Se me viram chorar, é pelo meu rebanho.
Agora que as pastagens desapareceram, onde irá parar?
Pensando bem, sem insistir em tristes perdas,
o simples fato de ser humano obriga-me
a reviver toda a beleza do passado.

---

1 Famoso sacerdote na história do povo nuosu.

IDENTIDADE

Para Mahmud Darwish.[1]

Alguns perderam a sua identidade.
Eu não.
O meu nome é Jidi Majia
e enumero a minha genealogia
Jidi... Jimu... Jiri... Ahuo...
Washi... Gege... Muti... Niuniu...
Desta forma, tenho a convicção
que o *Livro das origens* é genuíno,
que a águia divina do firmamento silencioso
estava predestinada a deixar gotas de sangue
na terra que viu nascer esta epopeia,
a permitir este caminho que pertence
ao espírito, memória escurecida,
que encontremos o caminho de regresso a casa.
Não me surpreende que me tenham falado
deste mundo, que despoja muitos das suas identidades.
Tenho sorte porque
ainda conheço
a história do meu povo, nascida no sangue.
Ainda posso cantar os versos
das baladas entoadas pelos meus antepassados.
Invade-me às vezes um mal-estar,
quando sinto a minha língua materna
escapar-me dos lábios.
O funeral de cada raiz de palavra
é como uma língua de fogo.
E sim, nesses momentos,
Darwish, meu querido irmão,

---

[1] Mahmud Darwish (1941-2008), o maior poeta árabe contemporâneo, escreveu o hino nacional da Palestina.

mergulho numa dor mais profunda do que nunca
por aqueles que perderam a sua terra natal.
Preguei a justiça e a equidade,
não só pela perda das terras onde sobrevive gente
mas porque até o solo espiritual do nascimento,
pelo qual velam os errantes,
também foi sujeito à destruição.

PALAVRAS DE FOGO

Lanço frases ao fogo
porque só as chamas
podem dar liberdade às minhas frases.
Só então posso oferecer
ao fogo tudo o que sou
(tanto em carne como em espírito).
Ao modo dos meus antepassados,
repito um ritual antigo.
A chama ilumina os seres vivos
e permite-nos ver
os parentes mortos.
Enquanto lanço as minhas palavras ao fogo,
percebo que todos os meus compatriotas nuosus
contêm a respiração ao fixar a escuridão eterna,
onde os doze filhos da Tribo das Neves[1]
desfilam com suas máscaras e vestes.
Esse discurso é uno com o silêncio.
Os provérbios caíram na terra
sem ecoarem no mundo real.
Choca-me que a realidade seja morta
por essas sombras e, ainda assim,
o tempo passe
no seu reino sagrado e paralelo.
Onde, se não numa noite como esta,
posso ser eu mesmo,
ou seja, o poeta Jidi Majia,
o adivinho que poucas pessoas conhecem?
Só então conseguem estas chamas,
estas palavras nos meus lábios,
alcançar a raiz da língua da minha tribo.

---

[1] Segundo lendas nuosu, o ser humano é descendente dos doze filhos da Tribo das Neves.

UM POEMA,
DUAS VERSÕES

*Dedicado às montanhas Kunlun,
uma das grandes cadeias de montanhas do Oriente.*

MONTANHAS NEVADAS, CHAMAS DE OURO

Em Kekexili, onde raramente se avistam pessoas,
experimentei uma vez ficar imóvel,
sozinho numa imensa extensão deserta.
No outono, ao cair da noite,
uma sagrada montanha nevada surgiu-me diante dos olhos.
De tanto contemplá-la, despertou um velho impulso
e comecei a reverenciar a vida, a dar graças por ela.
Não senti calafrios, porque o cume nevado
estava coberto por chamas de ouro,
a tornarem leves os meus pensamentos e anseios.
Agora, já não posso contemplar
como cai o manto estrelado de Maia
na escuridão do ventre materno,
mas o meu corpo e alma dizem-me
que num momento assim, em confins cósmicos,
estou no centro desta região infinita.
Sei que chegou a última oportunidade.
A minha língua glorifica os espíritos sagrados,
acalma a nostalgia azul dos mares distantes.
Descendemos dos doze filhos da Tribo das Neves,
ressuscitados há pouco num réquiem aos heróis.
Só aqui, nos domínios eternos da luz solar,
a sombra de um pássaro e o ciclo da vida
tornarão eterno o assunto da memória.
Numa tarde como esta observo as mudanças da luz.
O cume sereno brilha como se estivesse numa fábula antiga.

Nada mais tenho para oferecer do que as lágrimas no rosto
e o credo da minha vida, ao qual empresto a voz.
Sinto que o meu espírito tenta encontrar rumo
por montanhas e vales, através do ar puro
e de uma vasta planície, terra de liberdade.
Vejo-o como uma águia sagrada com plumagem dourada
a chegar finalmente ao limiar de luz da humanidade.

MONTANHA SAGRADA DE NEVE

Tabernáculo de picos nevados
no crepúsculo de Kekexili,
o céu é iluminado por tochas de ouro.
Respiro os páramos do outono
e vejo o manto estrelado de Maia cair
na escuridão do ventre materno.

Os meus pensamentos e anseios flutuam.
Sei que a última oportunidade chegou.
A minha língua glorifica os espíritos sagrados
acalma a nostalgia azul dos mares distantes.

Descendemos dos doze filhos da Tribo das Neves,
ressuscitados há pouco num réquiem aos heróis.
Só aqui, nos domínios eternos da luz solar,
a sombra de um pássaro e o ciclo da vida
tornarão eterno o assunto da memória.

O cume brilha sereno, como as histórias contam.
Naquele momento, pareço celebrar, mas
nada mais tenho para oferecer do que as lágrimas no rosto
e o credo da minha vida, ao qual empresto a voz,
e confio aos mensageiros da penumbra.

Sinto que o meu espírito tenta encontrar rumo
por montanhas e vales, através do ar puro
e de uma vasta planície, terra de liberdade.
Vejo-o como uma águia sagrada com plumagem dourada
a chegar finalmente ao limiar de luz da humanidade.

RIO NEGRO

Sei muito sobre funerais.
Conheço os antigos funerais nuosus lá longe nas montanhas.
(Brilhando num rio negro,
a luz dourada vista a partir da natureza humana.)

Vejo um rio humano serpentear suavemente um vale.
Vejo um rio humano tecer com afluentes de dor,
atravessando graciosamente uma multidão de corações
                                                [caprichosos,
atravessando graciosamente um mundo de maravilhas.

Vejo rios humanos juntarem-se, formando um oceano,
ressoando pelo corpo da morte, projetando totens no céu.
Vejo os enlutados, os seus espíritos vagueiam como sonhos.
Ouço o mosquete evocar fantasmas com trajes tribais.
Vejo os defuntos, como plácidas ovelhas num outeiro,
acariciados por muitas mãos, escutando a triste canção da
                                                    [amizade.

Sei muito sobre funerais.
Conheço os antigos funerais nuosus lá longe nas montanhas.
(Brilhando num rio negro,
a luz dourada vista a partir da natureza humana.)

NO TEU TÚMULO

Para Desanka Maksimovic.[1]

Um grande carvalho
cresce aqui e a sua folhagem frondosa
projeta uma sombra na memória.

Estás deitada
sob a erva verde e os torrões.

Quando o vento chega soprando
das profundezas do universo,
soprando suavemente sobre um mar de trevas,
quem escuta?
Em cada folha,
de quem é o fôlego?

O teu silêncio
regressa à fonte
como neve cristalina.
A gavinha dos teus pensamentos sobe sem pressa
até os ombros do carvalho.
Talvez chegue ainda mais alto.

---

1 Desanka Maksimovic (1898-1992) foi uma poeta sérvia.

SILÊNCIO

Para Czeslaw Milosz.[1]

Viver para dar testemunho pode não ser
a única razão para continuar a vida.
No entanto, antes do julgamento final,
não precisaste morrer de ânimo leve.
Nessa época infeliz, de espelhos tortos,
as mentiras e as máscaras solitárias podiam ocultar-se
na escuridão, escondiam-se até mesmo
nas sombras da luz do dia. Bebeste o vinho das privações
e escolheste o exílio. O caminho ultrapassou o que sonhavas.
Quando as paredes de adobe lá de casa se transformaram em ruínas,
não concebeste a possibilidade de renunciar.
Foi o destino que permitiu um novo milagre.
Ao romper da aurora, o teu chamamento não morreu.
Debaixo de balanças metálicas e galardões, apenas as palavras
continuaram a suportar as línguas de fogo do inferno.
Essa foi a glória do idioma polaco: permitiu-te assistir
ao toque do amanhecer nas montanhas, a tua alma
foi igual a Adam Mickiewicz, que se deteve
nos prados de Akaman, chegando essa voz à Lituânia.
Acredita, por favor, no poder da língua materna:
talvez ela seja para sempre a tua outra pátria,
invencível perante qualquer exílio ou sentença.
Agradeço a constância simples dos teus poemas
e o longo silêncio enquanto suportavas enormes privações.
Hoje perdura a razão humana; foste tu que nos ensinaste
porque não haverá uma temporada final para a verdade e a justiça.
A tua vida não foi um evento fortuito e a tua chegada
permitiu que a vida, em sua vergonha e desespero, atravessasse
o último limiar.

---

[1] Czeslaw Milosz (1911-2004), célebre poeta polaco nascido na Lituânia, recebeu o Prêmio Nobel de Literatura em 1980.

OS POEMAS DE GIUSEPPE UNGARETTI[1]

A flecha divina atingiu certeiramente um caroço de azeitona,
transformando o deserto em cristal transparente.
Desde o interior de uma tenda beduína,
colheu estrelas da abóbada celeste.
O seu crânio é um raio de luz no universo.
A névoa desaparece de repente.
A partir das palavras, mergulha nas palavras.
Atravessando a luz, viaja para longe dos suspiros
do pastor na terra natal.
A dor é como um rio de fundo translúcido.
Ecos dos soluços dos camelos,
chama de linho dourado, cor solar.
Na morte está a verdadeira memória:
o renascimento enterrará a escuridão oculta no dia.
Geada de sal na beira de um lago sem nome.
Olho de abutre no céu.
Silêncio eterno nos grandes pastos.
Visões oníricas arrancadas à letargia do Nilo.
Era versado em caminhos misteriosos,
podia livrar-se dos disfarces e dos códigos.

Este foi o último xamã: atraía as palavras,
forjava a retórica para fazer pregos de ferro.
Os raios de luz curvavam-se em imagens invisíveis,
as metáforas eram saltos de baleias em alto-mar,
um reflexo que se precipitava sobre os recessos do tempo,
uma rede de pesca sem peixe.

Aí se encontram os restos físicos da terra nobre.

Lágrimas como um colar de pérolas.

---

[1] Giuseppe Ungaretti (1888-1970), poeta italiano, representante da Escola Hermética, nasceu no Egito numa família italiana, passou a sua infância e adolescência na África.

UM CAMINHANTE
NO MUNDO

Para Tomas Venclova.[1]

Partiste de Vilnius, iniciaste a tua viagem na Lituânia,
a tua pátria, chorando à sombra de um muro.
O céu emoldurado por ramos de pinheiro
projetava imagens assustadoras. Quando o nada ilumina
contornos sombrios rumo ao exílio, só as palavras sequestradas
têm lugar. No caminho verdadeiro, a distância da morte
é reduzida a pó. Tomada de poder, mão de ferro e fome
tornam-se frágeis e imprecisas, o crânio sussurra
como uma negra abóbada celestial. Faias e castanheiros
não estão longe do abismo, apenas o sofrimento
cruza as fronteiras da morte. Comunica, abre as portas
das inúmeras estações. Fixa o olhar em pontos desconhecidos:
és um viajante. Melhor será esquecer as chamas crepitantes
da lareira, a luz quente da lâmpada no quarto, a mesa
com a chávena de chá quente. Não se sabe se ainda terás
as batidas do coração ao amanhecer. Atrás do espelho,
talvez o poema final se mantenha ordenado pelo destino,
usando a língua materna, como uma chave ou um postal
da infância. Por mais longe que te tenham desterrado,
os teus olhos guardam uma inocência infantil.

---

[1] Tomas Venclova (1937-) é um poeta, tradutor e acadêmico nascido na Lituânia. Atualmente, é professor do Departamento de Línguas e Literaturas Eslavas da Universidade de Yale. Os seus poemas foram traduzidos para mais de vinte idiomas, recebeu diversos prêmios e reconhecimentos literários, entre os quais o Prêmio do Festival Internacional de Poesia do Lago Qinghai (2011).

NÃO TENS
DE PERDOAR

Não é que me desagradem
os arranha-céus a se destacarem no céu:
são milagres de aço e concreto.
Desconheço por que não me trazem qualquer calor
ao coração.

Um dia fiquei sem fôlego
ao observar aviões que atravessavam o ar.
No entanto, sem dúvida, que distantes estavam
das batidas do meu coração.
A alegria que me dão não pode
competir com o sorriso
das mães deste planeta.

Não me entendas mal:
mantenho a fé na realidade atual.
Apenas desejo que haja mais proximidade
entre os seres humanos e o seu mundo.

Quando o indivíduo se sente preso
entre as máquinas e o aço,
o sopro da vida se esvai:
ouso dizer que todos
já sentimos isso.
Devo admitir, ainda assim,
que este desejo nunca me abandonou:
quando posso voltar para minha terra natal,
desfrutar do sabor puro do trigo e da aveia,
cavalgar uma sela de chamas e ouvir
uma voz que fala sob um poncho de lã, grande manto
que parece arquear pelo céu como um meteoro?

Não tens de me perdoar.
Esta é apenas a minha visão da vida.
Qualquer um podia ver a cena
que me comoveu por muitos dias:
ao anoitecer, depois de uma tempestade,
um pássaro voou com um pequeno galho no bico,
com pressa de reparar o seu ninho.

AQUI ESTOU
À TUA ESPERA

Não sabia quem serias,
mesmo assim fiquei à tua espera.
Esperei-te na planície do planalto.
Esperei-te num lugar ermo.
Nem Tsongkhapa[1] podia prever a tua chegada.
Uma cartomante também não seria capaz
de ler algum presságio sobre ti
na clavícula queimada de uma ovelha.
Embora ainda não tenhas chegado,
já consigo sentir o teu aroma esquivo.
Como se estivesse longe, na margem do céu,
não sou capaz de ver os teus atributos,
essa máscara de ouro, cardumes em águas escuras,
um trovão engolido num mar distante,
o vento que sopra ao amanhecer sobre o pasto.
Na verdade, a minha espera aqui,
nesta encruzilhada do mundo,
prolonga-se há muito tempo.
Espero-te, não tenho mais motivo
do que este desejo simples:
trocar uma alma por outra.

---

[1] Tsongkhapa (1357-1419), patriarca fundador da escola Gelug do budismo tibetano.

UMA ÁRVORE EM JJILE BUTE

Aqui, no meio da selva,
ergue-se uma árvore de Jjile Bute.

A sombra da árvore
é como a memória fragmentada,
transmitindo
um vocabulário oculto.
Sem resposta,
apenas a chave de um xamã,
como as asas que percorrem
o espaço aberto
dos seres espirituais.

Os ramos estendem-se,
cortando o ar plácido.
Todas as folhas, cada uma,
fixam universo meditativo
e pássaros transparentes.

À medida que a tempestade se aproxima,
poderiam os tons límpidos persistir
nos olhos de um cavalo?
As cores dos cabelos grisalhos e dos muros de adobe
desbotaram ao sol.

A árvore inclina-se
na última noite de verão.
O refúgio da fantasia parte à deriva
para um lugar ainda mais distante no planeta.

Este é um oceano de trevas
que escuta sem emitir qualquer som
nas extensões infinitas de Jjile Bute.
A silhueta prodigiosa da árvore
aparece num raio: luz como outra sem igual.

O TEU AROMA

O teu aroma impregna todo o espaço.
O teu aroma preenche o corpo físico do tempo,
deixa marcas de dentes nas falésias junto ao mar
e semeia relâmpagos sobre os cumes desertos.
Nesses momentos, na verdade,
não sei quem poderias ser.
No entanto, sinto com certeza
uma alma imergir rapidamente
até onde reina a cor azul.
Às vezes, parece que se eleva
como as pupilas de um cego,
luz dourada rumo a um porto desconhecido.

O teu aroma é a artemísia
que cresce na terra,
com o tom sutil das plantas comuns.
Não possui forma física,
não emite ruído.
Quando sinto esse cheiro,
renasce em mim o desejo mais vivo.
Uma árvore calada faz soar a falta.
Nesse momento, consegue ver-se
as formas precisas das montanhas distantes.

É o eterno quebrar das ondas.
É o oceano que geme e que se queima.
É a chamada sem palavras.
É o diapasão mais primitivo.
É o arco livre que descreve uma baleia.
É o grito das conchas no fundo do oceano.
Sim, eu sei, é voo eterno e descida,
como dardos cintilantes,

como chamas,
como sangue imparável.
Só na praia o medo e a morte se dissolvem.
O eu esquecido pode ser encontrado num piscar de olhos.

Não sei bem de quem será esse aroma,
não sei porque lhe falta um nome.
Tenho a impressão de conhecer esse aroma do passado.
Foi tempestade, recordação da fúria.
Foi colar de turquesas no escuro.
Sementes na primavera.
Almíscar em terras ermas.
Rosa de um lugar profundo na terra.
No ventre de qualquer mãe que possa incubar vida,
é possível perceber, sempre,
a umidade e a textura suave da água.

De quem será este aroma?
Envolve-me e cobre-me
antes de acordar realmente.
Não sei de quem será.

LEOPARDO
DAS NEVES

Pegadas perdidas nas regiões nevadas.
Uma sombra busca refúgio no ventre da terra.
Um sonho passa a correr como um raio e salta.
Distância percorrida em silêncio, como a luz do dia.
Há poder nos "entretantos", há repouso, arco eterno.

Não há campainha de prata que soe, segue apenas
entre os chifres da aurora, vigiando
a terra, o seu lar, as suas cordilheiras ancestrais.
Distante da ferrugem, ponte da memória juvenil,
restaura a comprida faca no cinto do seu pai.
A vida foi apunhalada entre as pedras,
ouvidos recebidos por um silêncio mortal.

Nobre linhagem, coifa salpicada de estrelas
aguardando o passar do nevoeiro, trombeta da ressurreição.
Todas as manhãs chega um feiticeiro dourado
para entoar a liturgia do esquecimento
que não devemos renunciar. O cetro *vajra*[1], presa do tempo,
espera no caixão de alguém. Num grito de relâmpago
as escrituras da reencarnação são assinadas pelas vidas futuras.

Mensageiro da luz, protagonista dos cânticos de louvor,
ignorados pelo nome de um poeta
que trespassou o escudo da alma.
Deixando só as folhas, destruindo o sentido, o equilíbrio.
Incomparavelmente real, erguendo esse rosto vertical,
desenhado no brilho da gema. Pode alguém dizer-me
quando fui reclamado pela eternidade?

---

[1] *Vajra* é um instrumento ritual hindu. *Vajra* em sânscrito significa "diamante" ou "relâmpago".

O EU DESTROÇADO

Estou destinado à reclusão num estágio dividido.
Antes de possuir escolha,
nascimento e morte iniciaram uma luta no meu corpo,
transformando-o no campo da sua batalha mortal.
Enquanto o reconhecimento da nobre escuridão
quase consegue escapar,
o seu enorme abismo ergue-se diante de mim,
lançando-se num voo semelhante ao da flecha.
Não rumo ao céu.
Não rumo ao inferno.
Uma face é tocada pela luz do sol,
o meu desejo ardente de comer o amargo trigo sarraceno
cresce como uma plantação resistente,
mas a outra face
é engolida por uma escuridão perniciosa.
Desaparecendo entre arranha-céus de uma cidade alheia.
A minha orelha esquerda pode ouvir as escrituras da alma,
uma voz de mil anos entoando um cântico.
Porque os feitos comprovaram
que é possível resistir à violência do tempo,
as mãos intangíveis podem captar
tradições e linhagens ocultas.
Podem reviver as raízes esquecidas das palavras,
recuperá-las do esquecimento, das cinzas frias.
Porém, a minha orelha direita nada ouve,
foi morta pelos sons de ferro.
E estes meus olhos,
quando um está cheio de lágrimas,
o outro está seco como um deserto;
um banha-se na luz da eternidade,
o outro pisca com erupções do escuro.
Os meus lábios são dois polos da Terra

e, quando abro a boca para falar,
o universo cai numa calma mortal.
Quando mordo a língua,
mil provérbios a agarram como sinos.
Dominei uma arte passada de geração em geração,
mas podia adivinhar outra forma
que se esquivava por trás de mim.
Danço num baile entre opostos.
Sou outro Jidi Majia.
Sou um homem ou algum outro tipo de animal
visto através de lágrimas iridescentes.

RIO DO TEMPO

Ao escultor Zhang Dedi.

Este sou eu. Este é o "eu"
que nunca abandonou a estação secundária do tempo.
Esta é a minha juventude, o meu tempo como um pássaro
que há muito se foi, não sei para onde.
Hoje, como num milagre, reapareceu.
Estes são os meus olhos: uma extensão de céu aberto.
Este é o meu olhar: jamais carente de fantasias.
Este é o meu cabelo encaracolado: ondas de liberdade.
Esta é a minha testa: confiança juvenil.
Estes são meus lábios,
beijaram a terra e as montanhas de um povo,
sussurraram poesia
aos ouvidos das adolescentes.
Esta é a minha capa de lã tecida.
O meu pai disse: tens asas de águia.
Este é o cinturão do herói no meu peito.
A minha mãe disse que o cinturão previa a minha vinda.
Este sou eu. Tenho de ser eu.
Com uma mão maravilhosa, no rio do tempo,
alcançaste-me para me agarrares.
Com dezoito anos, apoderaste-te de mim.

SOMBRA

Uma vez escrevi estes versos num poema:
"Para todos os seres humanos,
apenas há uma forma de nascer".
Sem exceção, todos saímos
do ventre de uma mãe.
Talvez a sorte use a mão esquerda
para abrir a porta do nascimento
enquanto a mão direita oferece
a chave da porta da morte.
Questionei-me muitas vezes
por que morrem os humanos
de forma tão estranha.
As maneiras de morrer vão além
do que qualquer um consegue imaginar.

O xamã diz: todas as sombras são diferentes.
E logo finca os dentes num arado incandescente.[1]

---

[1] Este verso refere-se a um ritual dos xamãs yi (os *bimos*), que mordem um arado em brasa para comprovar o seu domínio da dor física.

CERTAMENTE O DIA VIRÁ

Certamente o dia virá.
Em algum dia, a minha alma,
grata pelos dias vividos,
prestará homenagem à carne.
Como vês, desde o nascimento,
alma e carne têm o mesmo destino.

Esta alma hóspede
encontrou um quarto apenas para si,
como uma máscara que deve usar,
ou algo parecido com um odre.
Desde o primeiro galho preso num bico,
transforma-se num ninho velho
que mal suporta a investida do vento.

Perguntas por que possuo tantas fantasias.
A minha carne e a minha alma
lançaram-me neste cadinho de amor e morte,
com todos os meus pensamentos,
deixando-me a ferver em lume brando.

Enquanto a alma se move depressa,
o sangue corre pelas veias da carne.
Quando a alma se depara com algo horrível,
também a carne recupera o alento.
Então, uma onda de pânico percorre-a,
pior que o choque de uma descarga elétrica.
Só em algumas noites
a alma se despede do jardim,
caminha sonâmbula na natureza,
à luz das estrelas.

Quando um ser encontra os infortúnios da vida,
o coração despedaça-se.
Mais doloroso do que tudo, para mim,
é o olho acusador de quem chora.
Só um ignorante ousaria perguntar,
nos momentos em que a carne sangra
e a alma está ferida:
qual sente a dor mais intensa?

No entanto, existe um segredo
que gostaria de revelar:
se duas almas não podem unir-se,
o amor neste mundo desaparecerá.

NO TÚMULO DE CÉSAR VALLEJO[1]

Pedras negras sobre uma pedra branca.
Quando escreveste este verso, estava marcado no destino
que deixarias os ossos noutro lugar. Os ventos de Paris sopravam
contra a tua sombra e o teu coração duplamente fraterno.
Estrutura esquelética, de pé e afastada, sob um muro.
Conheceu a morte a uma quinta-feira.

César Vallejo morreu
a 14 de outubro de 1938.
Enterraram-te em Paris e, na verdade, continuaste a viver.
Alguém te viu noutro bairro da cidade,
apressado, com roupa usada e desgrenhado,
indo de porta em porta, estendendo a mão, não para ti,
para recuperar a côdea de pão arrancada da mão de um pobre.

Chamaste pelos miseráveis, mas Deus incluiu-te
nesse jogo de dados, o mais antigo de todos.
Jogador que se mede pelo destino, água salobre para saciar a sede.
Contaste as tuas preocupações às crianças do mundo.
Que aconteceria se Espanha caísse do céu?
Nenhum par de mãos estava lá para segurar uma maca,
para te agarrar enquanto mergulhavas no abismo.

César Vallejo,
em Santiago de Chuco, tua cidade natal,
sinto que podes me ver de pé, ao lado do teu túmulo.
Aqui está a tua família, adormecida. O sol da tarde
compõe uma cena vazia com as sombras das ervas daninhas.
Ainda que os teus ossos estejam noutro lugar,
posso realmente sentir que a tua alma chorosa está aqui.

---

[1] César Vallejo (1892-1938), poeta peruano, nasceu num distrito andino, de pais de ascendência indígena. É o poeta mais importante do Peru e um dos principais vanguardistas da poesia latino-americana.

PARA A MÃE

Como podes defender-te das vagas, anos que passam?
Continuam a bater no quebra-mar das tuas ancas.
Como proteger os teus olhos, minhas ágatas, vitrines
que perderam o brilho de menina?
Como evitar que o tempo assassino se infiltre na tua pele?
Não há maneira de fugir a esta força demoníaca,
silhueta esguia, que apenas se apeou da sela nupcial,
perdendo o esplendor das madeixas, negros caracóis, hoje
[escassos.
A cabeça cansada, agora baixa, tudo à frente se torna confuso,
sombras da infância desaparecem na distância.
A casa de campo da juventude aparece-me em sonhos,
o brilho dos pingentes de prata, matrona régia dos nuosus.
As ondas da saia plissada despertavam invejas nos recantos
[escuros.
Impressionaram-te as alegrias da união, as dores da despedida.
Afastando-se diante dos teus olhos, sem tempo de olhar para
[trás,
as companheiras fraternas da tua geração
partiram no crematório para o descanso final.
Oh, quem poderia dar o consolo impossível?
Quem poderia consolar-te e recuperar as páginas do teu
[calendário?

PERGUNTA

Desde os tempos da Guerra Fria até hoje,
a humanidade não parou de atualizar
os seus instrumentos de massacre. Qual o motivo
que não seja os defeitos e a hipocrisia da nossa natureza?

A partir de um ponto menos elevado,
contemplo o trigo sarraceno da minha aldeia natal.
Enquanto uma brisa varre os campos,
vejo gotículas brilhantes nas pontas das espigas:
têm a clareza cristalina das lágrimas.

MUSA IMORTAL

Para Akhmátova.[1]

Mandei esculpir o teu busto num bloco de madeira.
Imagem da consciência russa.
Os olhos de alguns foram cativados pela tua graça,
uma beleza nobre até a medula.
Quem sabia das tuas frequentes incursões no inferno?
Os ossos e as palavras caluniosas
dos que lançaram maldições pertencem,
sem dúvida, à podridão do esterco e ao pó do tempo.
Vejo-te à espera, o teu cabelo despenteado ao vento frio,
na fila lenta dos visitantes da prisão
para veres o teu filho, levando-lhe conforto materno.
Com um manto azul celeste por cima dos ombros
e um par de olhos como os da Virgem Santíssima,
serena como sempre, como a água da lagoa.
Estás sentada ali, perto de um radiador frio, tens as mãos tensas.
Uma tempestade de neve uiva lá fora.
Ao tremer, um vidro mantém o destino à distância,
ainda que não pudesse prever
se a aurora lhe traria morte ou indulto.
Permaneceste impávida, continuaste a escrever poemas,
os teus tremores nervosos fizeram-te corar
como se fosses uma menina.

---

[1] Anna Akhmátova (1889-1966) foi uma poeta russa do século XX, reconhecida como um dos grandes nomes da poesia moderna.

PARA MARINA TSVETÁIEVA[1]

Disseste que as pessoas
gostariam de ti daqui a cem anos.
Também escreveste poemas
que têm a clareza límpida das lágrimas.
Quem distingue os teus lábios ardentes por trás deles?
Quem ouve os teus choros e gemidos?
Se foi assim que os concebeste,
se estávamos contigo, como poderíamos suportar
tudo o que pesava sobre ti?

Quem disse que levará cem anos
até que alguém te procure?
Quem disse que mais cem anos têm de passar
até que uma alma e outra alma
possam sobrepor-se no mesmo instante?
Estive lá, na Rússia,
na pensão onde moraste.
Vi com os meus olhos aquele pequeno crucifixo
pendurado pelas tuas mãos no cimo da janela.
O destino estava escrito, tinha de ser.
Pois tu, verdadeira princesa do solo russo,
como o próprio Senhor,
tiveste de carregar uma cruz, com os dentes cravados
nos lábios que sangravam.

Tsvetáieva — *regina* da poesia,
não precisas dos meus elogios.
Os teus poemas pesam tanto quanto o teu nome.
Escolheste a poesia
como escolheste a língua que te nutriu.

---

[1] Marina Tsvetáieva (1892-1941) foi uma poeta e ensaísta russa do século XX.

Tinhas um bom motivo para partir de novo.
(Mesmo no estrangeiro, terias levado uma vida
de pobreza e devoção desesperada.)
Mas não partiste.
Até o dia da tua morte permaneceste na pátria mãe.

Tsvetáieva, inúmeros poetas insípidos de hoje
seguem o teu método para escrever poemas.
Na verdade, nunca saberão
que apenas copiam frases simples,
não têm dentro deles um coração
forjado na adversidade, na misericórdia
e no frenesi do sangue.

Tsvetáieva, minha irmã mais velha,
ninguém sabe onde está a tua verdadeira campa.
Só me resta olhar para a abóbada celeste,
honrar-te com todo meu coração.
Foste tu quem me fez entender
como se escrevem versos lancinantes.

PARA VLADIMIR MAYAKOVSKY[1]

"*A obra de arte verdadeira ressuscitará no tempo certo, depois de ter atravessado o hiato mortal da era que a recusa.*"
Alexander Blok[2]

Como previste, a tua estátua de bronze está erigida
Numa praça de cruzamentos onde sopram os ventos gelados
As pessoas passam; umas nascem e outras morrem
Aqueles que se apaixonaram por causa de ti
Desapareceram há muito, e os seus descendentes,
Bêbados debaixo de luzes brilhantes, arrumam-te agora
Em poeirento esquecimento. Agora na sombra da tua estátua
Nenhum tuberculoso pode ser visto a cuspir fleuma
Nem um jovem vadio esvoaçando pela porta de um bordel
Num entanto debaixo de um letreiro de neon, de encontro ao céu,
Traficantes de droga e comerciantes ainda nos fazem ver
O vazio do desespero humano na superfície de um muro
Para quem olhe debaixo o teu rosto em bronze escarpado
Cada segmento muscular está mais confiante do que nunca
O teu olhar firme ainda fura o espaço à sua frente
Haverá sempre alguém que se detenha ao teu lado
Almas perdidas tremem pensamentos do amanhã
Ou gente que procura esperança ao longo da vida
Em algum momento procuram respostas no teu rosto
Este é talvez o teu valor, e é por isso que
Deves continuar a viver, embora ninguém possa ver
O que afronta a tua testa orgulhosa que tudo suporta
Que golpes sofreste pelas tuas convicções
Confiaste no teu dia de ressurreição

---

1 Vladimir Mayakovsky (1893-1930) foi um destacado poeta e dramaturgo modernista russo. A sua obra completa consiste em treze volumes.
2 Alexander Aleksandrovich Blok (1880-1921) foi a figura mais destacada do movimento literário simbolista russo.

Acreditaste no momento de memória que merecias
Chegaria de certeza neste novo século!

É hora certa de regressares; qualquer modo em que regresses
Será apropriado — agora que te reconhecemos
Não há necessidade de vestir o colete amarelo
Com que as pessoas te conheciam. Quem mais poderias ser?
Basta que venhas direto do céu; uma nuvem de calças
Não é a imagem de marca de um futurista banal
Assumidamente, não é Che Guevara[3] ou Augusto Sandino[4],
Dificilmente ficarás registrado nas mentes de ditadores e
                                                         [banqueiros
Porque és um poeta completo da cabeça aos pés
Pela inversão (da alma) regressarás, não na pista de dança
                                                         [da revolução
Mas ao ritmo dos cascos, no favor do destino renovado
Regressarás na esquina de qualquer cidade
Como uma sombra — mesmo que o ar se divida como trovões
De novo, em janelas sobre pedras brilhantes de calçada
Que extraíste de pedreiras com a plaina dos teus lábios

Tu — primeiro de todos os Hunos a avançar num alvoroço da
                                                              [linguagem
Só tu podes convencer notas de uma flauta de osso partida
Uma era de guerra e revolução teve os seus adivinhos
Mas quem pode dizer que não teve um mestre de profecia?
Não era uma roleta; apenas o teu cetro de trovões
Conseguia penetrar o xadrez da escuridão e da luz
Resolvendo os enigmas em ossos de ovelhas por sinais de estrelas
                                                              [em cordas de liras
Garganta-barril hermética, com um puxão de um arreio
Liberta o grito da criança recém-nascida, nada menos do que
                                                              [o Senhor
Tocando à campainha — iniciando a próxima viagem do destino

---

3 Che Guevara (1928-1967), nascido na Argentina, foi uma importante personalidade do movimento revolucionário em Cuba e noutros países da América Latina.
4 Augusto Cesar Sandino (1893-1934) foi o líder do movimento de libertação da Nicarágua e líder das suas forças guerrilheiras.

Talvez tu sejas o apóstolo que chegou mais recentemente
Sacerdote estimado, usando a tua coroa de espinhos pessoal
Previste o ano de 1916, apenas a um ano de 1917
O megálito do mundo rugiu perante a sua rotação inclinada
Mas os ignorantes escarneceram das tuas ações
Fizeram planos para te pregar numa cruz de mentiras
Como poderiam eles saber que estavas no topo de uma torre
E que vias as chamas do novo século?
Mesmo agora, nem todos conseguem ver
O teu valor precioso; muitos na multidão laboriosa
Supõem que morreste e que pertences ao passado
Mas claro que isto não é verdade, pois alguns chegarão
À conclusão contrária à perspectiva da maioria
Repara naquela mulher que está talvez a par contigo —
Tsvetáieva — que disse, certa vez, "O poder... está com ele!" —
Também ela era um talento raro em qualquer tempo
Ela declarou que tu eras da sua espécie
No entanto ela pagou um preço por fazer essa afirmação
Ela comparou-vos com riachos rápidos
Depois da tua morte, ela recitou os teus poemas em público
E escreveu *Chaminé mais alta do que a cruz!*
Um ensaio em tributo ao teu talento como poeta
Ela afirmou o teu lugar na história da poesia russa
Agora ambos vivem no reino do vosso próprio nome
Que não é nem céu nem inferno
Apesar dos vossos dias nesta terra
Ambos, de formas semelhantes, encurtaram as vossas vidas!
E apenas vós os dois, governados por poderes autônomos,
Podiam chegar à conclusão a que chegaste:
Vive como um ser humano; morre como um poeta!

Foi ontem, ou foi no ainda mais desgraçado dia
Antes desse, quando a tua garganta que pertence ao futuro
Foi afiançada na casa de penhores do tempo, a uma taxa usurária?
Porém, o teu oráculo mais brilhante do que o sangue está ainda
                                                    [desperto
No lado remoto do abismo do tempo, interrompido por uma
                                                  [época hedionda

Para não ser ignorado pelo poder comum de pensamento
Ouve os meus grunhidos, ó desdentado, gigante de cabeça rapada
Novamente vemos-te a chegar ao topo da ladeira moribunda
                                                    [do tempo
Para reivindicar uma vez mais a supremacia da tua luz!
Que voz, senão de preconceito e ressentimento,
Ousaria negar a grandeza do teu coração?
A tua posição é de chefe — no mundo da linguagem
Adornando arame farpado com poderosas joias cintilantes
Numa longa escadaria a resplandecer com a tensão das raízes
                                                    [da palavra
Tu foste o criador de formas que nunca existiram
Levantaste tampas de criptas, transformando tábuas de carvalho
                                                    [em colunas de ar
Por tua causa a pura arcaica língua russa
Fez com que a boa terra estremecesse melancolicamente
Disparaste palavras-bala, lançando feitiços com desapego
Geraste cada última centelha do teu crânio de diamante
Acertaste nas formas no momento certo
E dissipaste-as em gravidade inevitável
Nas tuas mãos, é claro, um poema exprimiria mais
Do que as preocupações de um mero homem, tornando-se
Um apelo de simpatia e socorro para muitos
Gritos de trabalhadores sem terra e soluços de mães
Foram poupados da submersão na maré de alienação
Eu sei, estavas longe de ser um ídolo perfeito
Como qualquer mortal, tinhas defeitos e fraquezas
Mas nenhum dos rumores sujos e insultos ao teu nome —
Nenhuma das maldições — pode diminuir a adoração
Dos admiradores que vêm hoje prestar a sua homenagem
Perdoa os habitantes deste século! Ó Mayakovsky,
Por muito tempo tornaram-te invisível
Todos aqueles que disputam e salivam pela fama e lucro
Mesmo agora o teu brilho é excessivo para eles
Tentam despedaçar a tua plenitude
 — "Este pedaço dele é futurista"
 — "Este pedaço dele é socialista"
Apesar da tua produção milagrosa

Eles tentam provar que nos anos finais
A tua vida arrastou-se sem fogo criativo
Eles continuamente repetem o teu último testamento
Reduzindo as instruções de um moribundo ao ridículo
Eles deviam saber que ondas perigosas
Teriam então furado o casco dos seus barcos salva-vidas
Como disseste — não é difícil morrer
Nesta vida; o difícil é viver bem
No entanto, um gênio deve sentir sempre o sabor da miséria
E ser importunado por enxames de moscas do lixo
Membros da raça com olhos de rato que serviam apenas
Para perscrutar a lama e manchas de graxa nas tuas botas de
                                            [cano alto

Mayakovsky, pintor de casas aplicando pinceladas de vermelho
Na abóbada celeste ao amanhecer, as tuas costelas como a
                                            [escada do céu
Geometria revelada do âmago, carcaça da besta numérica
Planos antibiológicos cuspindo faíscas detrás dos teus pés
Faces escavadas pela espera engolida, numa tribuna modernista
Bainha da falta de regresso, lentidão arrastada para um fim
                                            [célere
Totalidade incompleta proclamada por três Outubros
Navegação apanhada num ciclone cubista; foice que é um ventre
                                            [volumoso
Só um ser criado em severa discórdia pode conceber
Mayakovsky, quem pode assemelhar-se contigo?
Livre de todas as armaduras, preparando desde as fronteiras
                                            [da linguagem
Um ataque mais impressionante do que qualquer explosão
                                            [nuclear
Não admira que alguns te apelidem de líder no país da poesia
E digam que o teu mero olhar inflama rochas geladas
Eles temem que atires a tradição borda afora
Na verdade, és o pilar mais robusto da tradição
Mais firme, de longe, do que qualquer formalista
Inocente e, no entanto, abençoado com o saber de evitar brigas

Velha raposa manhosa, enfiando o nariz na tradição
Mas apenas como estratégia para ganhar audiência
Mayakovsky, não precisas de validação dos críticos
Nesse tempo a poesia enchia auditórios, e tu
No teu sobretudo de sarja, ocupavas o lugar central
Lembramos a tua ligação entre revolução e vanguarda
Que foi uma característica determinante do século passado
A sua influência penetrou em tantas áreas
Até nos protestos anti-Guerra do Vietnã, quando Ginsberg[5] e
                                                       [amigos
Levaram com eles o teu livro de poemas ardente, vermelho de
                                                       [sangue.

A tua poesia não é lã de cordeiro embraçada; avança
Em ações de rua, e a têmpera da lâmina do seu florete
Para todos os manifestantes que a ouvem ressoar no cosmos
É uma casa para os sem-abrigo, uma porta aberta pela fome
Dentes de oceano apertados de encontro ao vazio, tímpano de
                                                    [couro no céu
Que nunca evangelizaste, mesmo que ao longo das tuas
                                         [digressões de leitura
Discurso divino que roborizou as tuas mãos, derramado em
                                                        [gêiseres
A tua escada rítmica que nos elevou às alturas
Tanto em suspiros como em rugidos de trovão
A tua voz foi uma das poucas na terra que conseguiu
Transmitir a centelha divina às palavras — com a tua garganta
                                                           [humana
No entanto foste um materialista obstinado
A tua vida opôs-se a todas as formas de teísmo
As tuas leituras tiveram um inquietante impacto em inúmeros
                                                           [corações
E o público delirou em descrições contemporâneas
Ainda precisamos de ti, não para trazer de volta uma era da
                                                             [história
Quem pode negar os abusos do poder na tua era?

---

5 Allen Ginsberg (1926-1997) foi um poeta americano e figura central do movimento beat.

Tinha o hábito de matar e banir e perseguir pessoas
Fomentava sublevações terríveis, imprimia mentiras em letras
[maiúsculas
Essas caricaturas horripilantes foram cometidas
Não por outros animais, mas por humanos civilizados
No entanto em vez de todos os seus esforços
Nada mais do que a morte os esperava
Quando chega a hora de morrer ou de nascer
Ninguém é capaz de contornar as regras básicas
As pessoas boas continuam a morrer; as más também, claro,
Nem todos os recém-nascidos se tornarão boas pessoas
Mas os futuros vadios serão certamente a minoria
Ao fim e ao cabo, só a honestidade e a bondade poderão dominar
[este mundo
Mayakovsky, não era uma questão de casualidade
Os anos de abertura do século XX e XXI
Foram saudados por sinais claros dos nossos pensadores mais
[sábios
Declínio moral que resultou em atos de depravação
Eles sentiam uma decadência preocupante do espírito humano
O que restava para seres decadentes e isolados
Que não fosse rastejar para a redenção ao longo da sua própria
[estrada?
Mayakovsky, nem toda a gente é cética como tu
Os teus manifestos nunca trataram questões de pura lógica
Como medida de avança no caráter humano
Acreditavas que uma terceira revolução espiritual estava
[iminente
Como em fases iniciais, a sua necessidade não podia ser obstruída
No entanto, à parte do serviço altruísta e cumprimento do amor
O chamado progresso do mundo teria pouco significado

Mayakovsky — grande cardume exposto a ondas desgastantes
Com língua tão rica do metal que extraías
Grande barco a vapor cruzando oceanos de letras
Locomotiva atravessando o peito imenso da cidade
Monumento de palavras escritas numa planície ampla e aberta

Balbuciar de vento maníaco rasgando velas e selas
Boi carmesim e selvagem garantindo força maciça em solidão

Mayakovsky, tudo isto está longe da tua totalidade
Os teus seguidores também procuraram os teus poemas
Para provar o mel que pinga dos lábios de um amante
Apenas precisamos ler aquilo que enviaste a Lilya Brik[6]
Todos aqueles ternos, tempestuosos recados de amor e poemas
Para aprender os teus dons raros também nesse domínio
Senão como poderias ter escrito estes versos para Yakovleva?[7]
"Ela ama-me, ela não me ama... Sê ainda a minha mão!
Dispõe estas conjecturas inquietas em pétalas caídas
Mesmo que maio me saúde com grinaldas fúnebres de crisântemos!"
Mas tu não ficarias refém disto — o destino de um amante
Antes foste férreo na tua determinação
Nunca deixar os teus poemas ser um uivo de gato vadio
Nasceste para ser robusto no reino das letras
Mas não o seu único unicórnio; ao teu lado ergueram-se outros
Como é o caso de Neruda[8] e Vallejo[9] e József[10]
Com Nezval[11] e Hikmet[12] e Broniewski[13]
E quem poderia esquecer Ritsos[14] e Pasolini[15]?
Todos foram teus camaradas fiéis, irmãos em tudo menos na carne
Mayakovsky, estas grandes almas homenagearam-te
Porque tu desnudaste o teu coração ante almas desafortunadas
Nas praças públicas onde se juntaram as massas trabalhadoras
A tua mão reclamou a verdade ao apertar as suas mãos calejadas

---

6 Lilya Brik (1891-1978) foi a amante e companheira de Mayakovsky.
7 Tatyana Yakovleva (1906-1991) foi uma emigrante russa, que foi namorada, em Paris, de Mayakovsky.
8 Pablo Neruda (1904-1973), nascido no Chile, foi o maior poeta da América Latina no século XX.
9 César Vallejo (1892-1938) foi um influente poeta vanguardista da América Latina.
10 Attila József (1905-1937) foi um dos maiores poetas húngaros do século XX.
11 Vitezslav Nezval (1900-1958) foi um extraordinário representante da poesia surrealista tchecoslovaca.
12 Nazim Hikmet (1902-1963) colocou as fundações da moderna poesia turca.
13 Wladyslaw Broniewski (1897-1962) foi um famoso poeta revolucionário da Polônia.
14 Yannis Ritsos (1909-1990) foi um poeta revolucionário e um inovador da moderna poesia na Grécia.
15 Pier Pasolini (1922-1975) foi um famoso poeta italiano, diretor de cinema e membro do Partido Comunista.

É por isso que Louis Aragon[16] verteu estes versos
"Poeta na crista da onda da revolução, ensinou-me
a encarar as amplas massas, a encarar os construtores do
                                                [mundo!"
Nem todos os cantores elogiados acabam por ser sinceros
Mas para nós a tua sinceridade nunca foi posta em causa
Comparado a oportunistas, mesmo nos teus momentos incertos
Exerceste um certo apelo, devido à tua pureza
Quanto a "poemas puros" não convocados por coração e tripas
Alguns críticos sopram-nos erradamente em livros, e alguns
                                                [poetas
São festejados em mantos de maestro por trabalhos de "valor
                                                [duradouro"
No entanto não possuem lira, nem lábios que toquem os corações
                                                [das pessoas
Eles tentam ganhar glória barata com os seus jogos de linguagem
Na verdade, Mayakovsky, falando de poeta para poeta
Nem todos os teus escritos podem tornar-se clássicos
Também tu escreveste passagens dogmáticas, insípidas,
                                                [prosaicas
No entanto, sem sombra de dúvida, tem que ser afirmado
Tu foste o maior poeta-cidadão daquela era!
Quanto àqueles que pescam nas palavras a reputação efêmera
Não chegarão a ser mais do que líderes de círculos sociais
Como poderiam alguma vez chegar a ser leões nas savanas da
                                                [poesia?
Se me pedissem para compará-los com alguma coisa
Eu apenas os consigo ver como cães de colo de senhoras ricas
Mas tu, meu irmão de rosto longo, eras de tal matéria
Que um homem como Pasternak[17] escreveu um comovente tributo
                                                [em verso
Os teus saltos são mais cativantes que qualquer objeto literal
Enquanto estiveste vivo, ninguém conseguiu igualar a tua
                                                [velocidade
Viveste a um passo da lenda, a morte foi a tua entrada

---

16 Louis Aragon (1897-1982) foi um famoso poeta francês da Escola Dadaísta e membro do Partido Comunista.
17 Boris Pasternak (1890-1960) foi um grande poeta e prosador do século XX, nascido na Rússia.

Nunca te subjugaste aos governantes nascidos para comer em
                              [colheres de prata
Desde o início o teu desprezo pelas convenções, a tua arrogância
Garantiram-te que os ignorantes iriam colar-te uma etiqueta
Como um maníaco sem cultura que não merece menção
E esses personagens retendo em salões miasmáticos
Que julgaram a tua vida e poemas por padrões estreitos
Por causa da tua posição revolucionária, vanguardista
Foram rápidas a espalhar estigmas e anedotas ofensivas
Sucessivamente recorreram a esses meios —
Como truques habituais — enterrando o crânio da poesia
De maneira a que trataram Yesenin[18], teu querido amigo e rival
A quem eles chamaram de bêbado e viciado em sexo
Mas que tu sabes — ele entornou coração e lágrimas
Para cantar as elegias finais da vida pastoral na Rússia
No entanto depois da morte de Yesenin, como depois da tua,
Nenhuma pessoa ou grupo dispensou o seu dever moral
Não sei como é que se lida com esses assuntos
Na fé ortodoxa, mas nos versos de Yesenin
Ouço um hino ao modo das canções folclóricas eslavas
Vejo lágrimas de resina onde a casca da árvore foi cintada

Mayakovsky, acreditavas na força humana
Por isso nunca te ajoelharias a um Deus ou a uma divindade
Adornavas as tuas tecelagens de palavras com caudas de cometa
Ó órgão nunca vacilante, a fazer estremecer os pilares
Partilhando o sal absoluto da terra nos teus poemas
Se os ossos são cicatrizados por flores mais velhas e enviados por
                              [voos astrais
Deixa que esses ossos sejam antes gravados pela raiva das tuas
                              [doze fúrias!
A tua coroa de vitória ostenta tumores de veneno virados do
                              [avesso
Porque apenas assim — ou por meios ainda mais extremos
Podem as tuas características altivas que foram gravadas por
                              [facas

---

[18] Sergei Yesenin (1895-1925) foi um extraordinário representante da poesia lírica e pastoral na Rússia moderna.

Deixar-se ser tingidas por dourado na luz madura da manhã
Mayakovsky, cantor da luz e inimigo jurado da escuridão
Quanto àqueles que proclamaram a tua morte
Nem os seus restos mortais permanecem
Enquanto tu continuas lá em cima, inclinado sobre um canteiro
                                             [de nuvens rosadas
Olhas para baixo enquanto o comboio de passageiros da
                                             [humanidade
Passa por uma cidade cheia de multidões agitadas, em pânico
Em ritmos enferrujados, clamores de crianças são aplanados
Em mobília de casa, e pontões inacabados de arranha-céu
Interferem no espaço dos refugiados, deixando-os na lama
Verás culturas antigas a lutar por ar
Enquanto uma grande porção da terra deste planeta
Está cercada pelo capital, poluída por negociantes astutos
A guerra continua, e vidas perdidas em fuga de estados
                                             [destruídos
Em breve rivalizarão com o número de mortes de ambas as
                                             [guerras mundiais
Mayakovsky, embora vejas naves espaciais a serem construídas,
Que põem Marte ao alcance da humanidade
Há almas a poucos passos de nós que são abaladas
Pela ganância material, colando aspirações a moedas gastas
O mundo natural foi desmembrado, deixando o seu corpo
                                             [anêmico
As nossas tradições contemplativas com os pés plantados na
                                             [terra
Não têm agora refúgio dos proxenetas do desejo
A sua rouquidão existe contra o ruído de rodas dentadas
A angústia torna-se outra coisa, perdida na lógica da
                                             [materialidade
Nem Ocidente nem Oriente podem encontrar um escape
Porque o temível fim do jogo de valores decadentes
Como acontecimentos do mundo real provam demasiado bem
Textos e proclamações do "projeto de iluminação"
Tornaram-se agora em adereços de cena
Para homens que massacram em nome da justiça e da
                                             [humanidade

Isto continuou sem descanso, nem sequer por um minuto
Eles sequestram a opinião pública; demonizam a existência das
[outras pessoas
Eles vestem a autocracia e o poder armado com roupas morais
Quanto a infligirem um chamado "sistema civilizado" sobre os
[vizinhos
Isto é mais desavergonhado do que Colombo "descobrindo" o
[Novo Mundo
Neste mundo uma nave espacial regressa e aterra com
[segurança
Mas onde podemos encontrar lugar que garanta um julgamento
[justo?
Quanto à lei internacional, é um pedaço de papel vazio de
[conteúdo
Os seus aspirantes a árbitros veem o terrorismo internacional a
[galopar
Então interpretam "a lei" de modos muito diferentes para servir
[os seus interesses
Pavimentam nações ao separar milhares de tribos
Ao usar o seu próprio método, esperam substituir os métodos
[dos outros
Eles constroem intrigas enganadoras para camuflar todas as
[cores com a sua cor
E invejam até uma polegada de terra das culturas em
[desvantagem
Da tórrida África aos domínios mais remotos da América Latina
O Capital continua a ganhar a sua guerra contra a pólvora
O seu grande "feito" é assegurado — o seu poder escondido
Ainda agora exerce controle nos cantos menos conhecidos do
[globo
Eles não pararão de promover o seu conforto uniforme
Até não estarem abertas mais avenidas de sobrevivência para
[qualquer tribo
Eles não entendem as lágrimas de um artesão
Eles riem-se perante as flautas andinas feitas de fino bambu
Porque quase ninguém ainda as consegue tocar bem
É claro que eles não conseguem explicar aquele som pesaroso

Como ele brota de vales escondidos enterrados nas montanhas
Eles arruinaram códigos nativos de conduta, chamando-lhes
[relíquias de selvageria
E quando os mais jovens ficaram dormentes com álcool
Eles diziam às pessoas, "estão vendo, os Índios são loucos por
[bebida"
De fato, quando alguma sublevação subverte uma forma de vida
O preço deve ser pago em sofrimento por quem viveu aquela vida
Não há telescópio como a consciência para olhar do topo de um
[arranha-céu
E ver como o crime e a miséria de todos os tipos estão alicerçados
[na pobreza
Hoje, no século XX, não precisamos de apontar provas
De que pessoas privadas de tradição, história e modo de vida
Estão destinadas ao duplo desastre da aids e da
[toxicodependência
Sem dúvida, isto é mais do que uma desgraça para alguns
É uma crise que ameaça a sobrevivência da humanidade como
[um todo
O calo do desdém pelos humanos que estão à beira da morte
Não será desculpado ligeiramente quando chegar a hora do
[julgamento final

Mayakovsky — não pode haver dúvidas de que agora
Estás a aventurar-te num século bastante diferente para ti
Mas gostaria aqui de dizer-te — Ó meu irmão
Os teus versos há muito tempo previram a sua perdição e bênção
Nos cruzamentos do céu e inferno, as pessoas permanecem em
[miríades
Como cadáveres frescos, e quer sejam ateus ou infiéis
Cada um no seu coração transporta o criador
Nestes tempos, militares, padres, pastores, imãs e tulkus
Ao lado das principais figuras da finança e superestruturas
[estatais
Agruparam as pessoas em formações regimentadas para as
[enviarem
Ainda assim, a lareira deste mundo que aquece o próprio sol

Está rasgando as suas costuras antes dos crimes poderem ser
⠀⠀⠀⠀⠀⠀⠀⠀⠀⠀⠀⠀⠀⠀⠀⠀⠀⠀⠀⠀⠀⠀⠀⠀⠀⠀⠀⠀⠀[esquecidos
Mayakovsky, os tempos que vivemos oferecem provas
De que o espírito imortal da tua poesia está pronto para fazer a
⠀⠀⠀⠀⠀⠀⠀⠀⠀⠀⠀⠀⠀⠀⠀⠀⠀⠀⠀⠀⠀⠀⠀⠀⠀⠀⠀⠀⠀[sua aparição
Voou sobre um desfiladeiro mortal, passou picos sem nome
Quanto a poetas que se lamentam antes de provar o verdadeiro
⠀⠀⠀⠀⠀⠀⠀⠀⠀⠀⠀⠀⠀⠀⠀⠀⠀⠀⠀⠀⠀⠀⠀⠀⠀⠀⠀⠀⠀[sofrimento
Os teus versos pesados e duros vão envergonhá-los e puni-los
As estrelas das tuas sequências poéticas vão aterrar na abóbada
⠀⠀⠀⠀⠀⠀⠀⠀⠀⠀⠀⠀⠀⠀⠀⠀⠀⠀⠀⠀⠀⠀⠀⠀⠀⠀⠀⠀⠀[celeste
Os teus versos rígidos, prateados, vão inundar o léxico cósmico
A tua linguagem martirizada é como um cometa — não um
⠀⠀⠀⠀⠀⠀⠀⠀⠀⠀⠀⠀⠀⠀⠀⠀⠀⠀⠀⠀⠀⠀⠀⠀⠀⠀⠀⠀⠀[meteoro decadente
A placa memorial que agora se instala para ti
Não será feita de bronze que possa gastar-se
E não será feita de mármore que possa sofrer erosão
As suas hastes reforçadas estão plantadas no pedestal do espírito
⠀⠀⠀⠀⠀⠀⠀⠀⠀⠀⠀⠀⠀⠀⠀⠀⠀⠀⠀⠀⠀⠀⠀⠀⠀⠀⠀⠀⠀[humano
Mayakovsky, a tua linguagem, os teus poemas
São a vitória da impetuosidade tal como nos foi dita pela terra e
⠀⠀⠀⠀⠀⠀⠀⠀⠀⠀⠀⠀⠀⠀⠀⠀⠀⠀⠀⠀⠀⠀⠀⠀⠀⠀⠀⠀⠀[pelo mar
A cada impacto, as palavras são engolidas para além da sua
⠀⠀⠀⠀⠀⠀⠀⠀⠀⠀⠀⠀⠀⠀⠀⠀⠀⠀⠀⠀⠀⠀⠀⠀⠀⠀⠀⠀⠀[profundidade
Talvez isto seja escolha tua, porque através da vida
Praticaste a arte da poesia como uma arte reverencial
Caso contrário, não terias aconselhado aqueles polidores de
⠀⠀⠀⠀⠀⠀⠀⠀⠀⠀⠀⠀⠀⠀⠀⠀⠀⠀⠀⠀⠀⠀⠀⠀⠀⠀⠀⠀⠀[prosódia
Ao vê-los, presta completa atenção à técnica e à forma
Devido a jogos de palavras sem sangue e dor e coração
A poesia começa a perder batalhas na nossa luta comum

Mayakovsky, nenhum adivinho se pronunciou nos últimos dias
Para soltar este grito que desperta, tanto tempo após teres
⠀⠀⠀⠀⠀⠀⠀⠀⠀⠀⠀⠀⠀⠀⠀⠀⠀⠀⠀⠀⠀⠀⠀⠀⠀⠀⠀⠀⠀[deitado o teu corpo
Foi um redemoinho de políticos, fingindo segurança em si
⠀⠀⠀⠀⠀⠀⠀⠀⠀⠀⠀⠀⠀⠀⠀⠀⠀⠀⠀⠀⠀⠀⠀⠀⠀⠀⠀⠀⠀[próprios

Clamando sem hesitação todos aqueles anos em que a tua poesia
[foi para o túmulo
Negando que no mundo atual esse possa ser um pico dos
[Himalaias na linguagem
Nem desconfiam, que já atravessaste as águas do Lethe
Como uma língua fervilhante de chamas, e chegaste à nossa
[porta
Embora este não seja o jubileu que preparaste para ti próprio
Há notícias da tua chegada no ar
Mayakovsky, esta é a tua ressurreição, tempo para um novo
[nascimento
Tendo derrotado o peso opressivo da morte
Esta não é imaginação utópica, esta é a realidade
Como poeta, o teu amargo destino está chegando ao fim
Esse trem retumbante irá assobiar ao longo de séculos
De novo poderás contribuir, em conjunto conosco
Para erguer um altar, com coração e lábios e esqueleto
Como servos e pensadores do povo, com poemas que desafiam o
[tempo
Como ofertas para esse altar, como estrelas através das noites
[escuras
Pela vigília que mantêm pelo solene cosmos sem fronteiras
E a luz que emanam de cima em inúmeras almas

Mayakovsky, nosso novo Noé
Pela luz da madrugada, estas cordilheiras alinhadas esperam
Pela descida da tua arca aos confins da terra e do oceano
A poesia não morreu: o seu fôlego é mais pesado do que uma
[linha de chumbo
Embora não seja o sacerdote do mundo e não possa absolver
A totalidade dos pecados, mas, por favor, acredita que
[permanecerá
Para sempre nas alturas do tribunal moral da humanidade
Nunca se afastando um passo, levantando a sua voz duradoura
Por todos os séculos — em atos de testemunho!

15/nov.-29/dez. 2015

À PÁTRIA

A minha pátria
é um gigante de braços estendidos
no oriente.
Sobre terra amarela,
fluem os seus infindos
rios dourados.
A minha pátria
tem o mais puro azul
do céu e do oceano.
É uma ave
de asas a brilhar,
atravessa a luz do amanhecer.

Pátria, ao cresceres nos mitos,
daquela árvore com folhas de bronze
ouviam-se mil trinados.
A minha pátria nunca pertenceu
a um grupo étnico específico,
os seus filhos são cinquenta e seis.
O meu grupo étnico, que é apenas um,
pertencerá sempre à pátria.

A história da minha pátria
não deve ser truncada
e dividida em capítulos,
mesmo que brilhantes ou vergonhosos.
Porque a história da minha pátria
tem a sua própria plenitude.
Se somos convidados a louvar a dinastia Tang,
não esqueçamos as fronteiras dos mongóis.
Se, em sonhos, retornamos à dinastia Song,
procurando a força das suas palavras escritas,

não seria justo ignorar
os feitos e a força da dinastia Qing.
Quando falo da história da pátria,
vejo-a completa. O que compôs este tempo
pertence ao seu corpo indiviso,
jamais deverá ser desmembrado.

Pátria, quero dizer-te:
quando tiveres de escolher,
a decisão não será fácil.
Existem circunstâncias regionais
e questões de fundo, mas não
porque descendemos de certo grupo étnico.
Que a etnia não seja uma razão
para nos privares de competir em igualdade.
Pátria, espero que a nossa dedicação
acabe por ganhar
a tua confiança.

Pátria,
a beleza do teu coro é uma síntese
das línguas faladas pelos teus cinquenta e seis povos.
Se faltasse algum desses cantores,
esta grande harmonia seria menos perfeita.
A voz do meu grupo étnico é um bom exemplo.
Chega de uma remota região fronteiriça
e, mesmo assim, a sua existência
é indispensável.
Tal como a antiga escritura do povo yi
e a súmula desta consigna,
orgulhoso capítulo
no teu compêndio ilustre.

Pátria, por favor, perdoa
a minha audácia e franqueza de poeta.
O que valorizas em mim não é menor
do que as minhas qualidades humanas.
Espero que me consideres capaz e sem egoísmos,

e que o meu espírito de serviço ao povo,
profundamente enraizado no meu ser,
não seja ensombrado por alguém.
Pátria, é minha ardente esperança
que valorizes em mim algo tão grande
como a minha lealdade para contigo,
cada gota de sangue nas veias,
a partir de um coração palpitante.
Não pode haver outro!

EM BUSCA DE FEDERICO GARCÍA LORCA

Procuro-te, Federico García Lorca
sob os céus abertos de Granada.
A tua sombra invade cada corrente de ar.
Caminho pelas avenidas onde passeavas.
O teu nome não faz eco
e apenas o brilho aquoso do Guadalquivir[1]
paira nas copas das laranjeiras e oliveiras.
Em Granada, visito devotamente
cada casa em que viveste,
desde o berço onde dormias em bebê
(embora o seu balanço tenha parado)
até a mesa onde escreveste baladas lancinantes.
Federico García Lorca,
procuro-te, não só para encontrar a Andaluzia
onde se baixaram as bandeiras que ondeavam
pela tua vida e morte gigantescas.
As guitarras choram ainda hoje
porque a alma, os modos graciosos
e a tristeza que se escondia sob a alegria
cobriram esta terra verde com uma luz prateada.
Federico García Lorca,
verdadeiro clarividente da poesia, vieste a este
mundo não apenas para ser poeta.
Porém, através da linguagem e do som
converteste-te no real mestre da poesia.
Federico García Lorca,
ainda que o sentido, afiado pela palavra, te tenha dado
a competência de captar a forma das coisas,
as tuas palavras eram um presente divino,
jamais serias um artesão afogado em ornamentos.

---

[1] O Rio Guadalquivir é o rio mais extenso da Andaluzia.

Os teus poemas são os lábios do céu aberto,
a ânsia da água da nascente, caveira do crepúsculo,
estrelas entrançadas no canto dos pássaros.
São espigas de trigo conhecidas pelos grilos,
pequenos sinos de louro, atenuantes do luar.
São auréolas frias, fogos efêmeros em solos nevados,
coração que apunhala a espada afiada,
repouso de um esqueleto, fel na ponta da língua,
pandeireta às portas da morte.
São gargantas em chama, uma veia aberta,
o rosto da morte, o vento triste e rubro,
sangue teimoso e a maestria de morrer.
Federico García Lorca,
conseguimos finalmente chegar à Andaluzia,
e só agora descobrimos por que a tua poesia tem
o gosto do sangue vivo e a energia do metal.

UMA POMBA
EM JERUSALÉM

Ao amanhecer, no parapeito da janela
do hotel onde fiquei em Jerusalém,
ouvi uma pomba arrulhar várias vezes.

Escutei o chamamento desta pomba,
como uma entre muitas línguas estranhas.
O som parecia próximo e remoto,
era difícil avaliar a sua distância,
como se viesse das profundezas da terra
ou chegasse do alto das nuvens.

O chamamento da pomba era sombrio e sem idade,
talvez tão duradouro quanto a morte.
Não muito longe dali, no caminho
que leva ao Muro das Lamentações e à mesquita Al Aqsa,
o sangue dos diferentes credos ainda não fora limpo.
Se isto acontece por uma questão de fé, pergunto-me
se Deus e Alá realmente nos amaram.

Ouço os arrulhos subir de tom.
Assim chora a pomba, assim se lamenta.
Perdão, companheiros humanos,
agora só posso calar-me.

O RENO RENASCEU

Para o fotógrafo Andreas Gursky.[1]

Que possamos trazer, qualquer lugar invisível,
a qualquer lugar deste mundo.

Que possamos fazer, à tua semelhança,
uma criação humana à medida da nossa força.

Visto através da lente, no Reno,
o cinzento parece tão remoto
que os pombos não se veem,
o céu rejeita a urgência de voar.
Apenas o horizonte, de coração endurecido,
crava o silêncio numa taça.

Através da lente, estruturas de concreto armado
revelam flores da morte recém-germinadas.
Debaixo das trevas imóveis, nenhum rebanho dará a volta
na garganta deste espaço particular.

Não te sentavas no banco a engolir lágrimas.
Trabalhar para fabricar as tuas peças,
escolhendo este procedimento:
afastar as chaminés negras deste lugar,
deixando que desapareçam as divisões de cimento.
Na fronteira entre o sonho e a realidade,
ao longo das duas margens, deixas que a terra
e a vegetação ganhem vida. Desde o outro reino,
podes ouvir o canto dos pássaros.
Este é o teu combate mortal com os fabricantes de lixo,
matando o teu adversário com a navalha da imaginação.
Devolvendo, finalmente, o Reno à natureza.

---
[1] Andreas Gursky (1955-) é um fotógrafo minimalista e ambientalista alemão.

SE EU MORRESSE

Se eu morrer, manda-me de volta
à minha terra natal,
arrumada entre as montanhas.
Deixa-me ser entregue às chamas,
tal como os meus antepassados.
Sobre o fogo, o céu aberto
jamais foi um reino de nada.
A armadura está aí para o valente,
preciosa espada translúcida,
sela puxada por pássaros,
sal da língua materna, semente
que voltou à terra,
panteras e, mais, pedras celestes.
Há murmúrios nos ouvidos,
vento nas espigas do trigo sarraceno.
O sol levantou voo, sobe as escadas do tempo.
As colmeias no penhasco exalam doçura divina,
rio de grãos, constelações escondidas
em pequenas sementes.
Sobre o fogo, a minha alma
começará a sua jornada.
Só nesse lugar, pode a morte
ser um novo começo, as brasas ardem.
Na estrada, o crepúsculo eterno reúne-se,
a minha sombra não se detém,
trilha o caminho dos meus anciões.
E o meu nome, antes do esplendor,
vestido já de dourado,
emanará uma avalanche de raios.

Índice

5	Introdução
9	Autorretrato
11	Resposta
12	A corrente do sono
13	Um nuosu fala do fogo
14	O monólogo do berimbau
15	Canção folclórica
16	Na direção oposta
17	Um velho touro bravo
19	A morte de um touro bravo
21	O meu desejo
23	Ouvindo as escrituras do envio da alma
24	Cabras montanhesas de Gunyilada
25	Ritmo de uma tribo
26	Terra
28	Rapsódia em negro
30	Rochedos
31	Sombra de montanhas
32	Espíritos da terra antiga
33	Amargo trigo sarraceno
34	Uma palavra enterrada
35	Alguém oculto
36	Vigília por um bimo
37	A voz de um bimo
38	Sela
39	Primeiro amor

40	Convocatória final
42	Desejos para o Festival do Regresso das Estrelas
43	Retrato de outono
44	Garota de Butuo
45	Inscrito num álbum de recordações
46	Montanhas distantes
47	Mundo branco
48	Cores que os nuosus veem em sonhos
49	Uma onda invisível
50	Só porque
51	Crematório
53	Sol
54	A uma garota de Butuo
55	Nuosu
56	Um menino e as costas de um caçador
57	Um menino e o bosque
59	Anseio por amor
60	A lenda final
61	Em pensamento
63	Garra de águia
64	Apito para cervos
66	Estátuas nas terras
68	Ocaso
70	O nó de herói e o caçador
71	O bosque e o pingente de cera de um caçador
73	Lago Lugu
74	A dança dulohxo
75	Uma canção para a mãe
77	À procura do outono
79	A epopeia e o homem
80	O rio Shalo
81	Dejyshalo, minha terra natal
82	Esperando
83	Deus do fogo
84	A velha cantora
85	Cores
86	Sempre bonito o amarelo
87	Alguém pergunta

88	Quero dizer-te
89	Sossego
90	Mensagem
91	Dia de outono
92	Jesus e o general
93	O mosteiro budista na montanha do leão
94	Canto de elogio à dor
95	Palavras de boas-vindas ao mundo
96	Pensar no vinho
97	O último dos bêbados
98	Deixa que o cervo dê a volta
99	Muro de adobe
100	Canto de louvor aos povos indígenas
101	A pátria de Geórgia O'Keeffe
102	Recordando o século XX
105	Recordando a minha juventude
107	Agradecimento à terra nobre
108	Liberdade
109	Dedicado a 1987
110	Entre a esperança e o desespero
112	Segundo dizem
113	Reconheço, adoro esta cidade
115	Dedicado aos rios deste mundo
117	O sol de Roma
118	Ilha
119	Visita a Dante
120	Cabelo
121	Lembre este momento
122	Quem sois
124	Descoberta da água e da vida
125	Tiahuanaco
126	Imagem verdadeira
127	Avó Rosa
128	Alpaca
129	A coca do índio
130	O condor, ave divina
131	A flor de cantua
132	Brasas na lareira

133	Identidade
135	Palavras de fogo
136	Um poema, duas versões
139	Rio negro
140	No teu túmulo
141	Silêncio
142	Os poemas de Giuseppe Ungaretti
143	Um caminhante no mundo
144	Não tens de perdoar
146	Aqui estou à tua espera
147	Uma árvore em Jjile Bute
148	O teu aroma
150	Leopardo das neves
151	O eu destroçado
153	Rio do tempo
154	Sombra
155	Certamente o dia virá
157	No túmulo de César Vallejo
158	Para a mãe
159	Pergunta
160	Musa imortal
161	Para Marina Tsvetáieva
163	Para Vladimir Mayakovsky
178	À pátria
181	Em busca de Federico García Lorca
183	Uma pomba em Jerusalém
184	O Reno renasceu
185	Se eu morresse

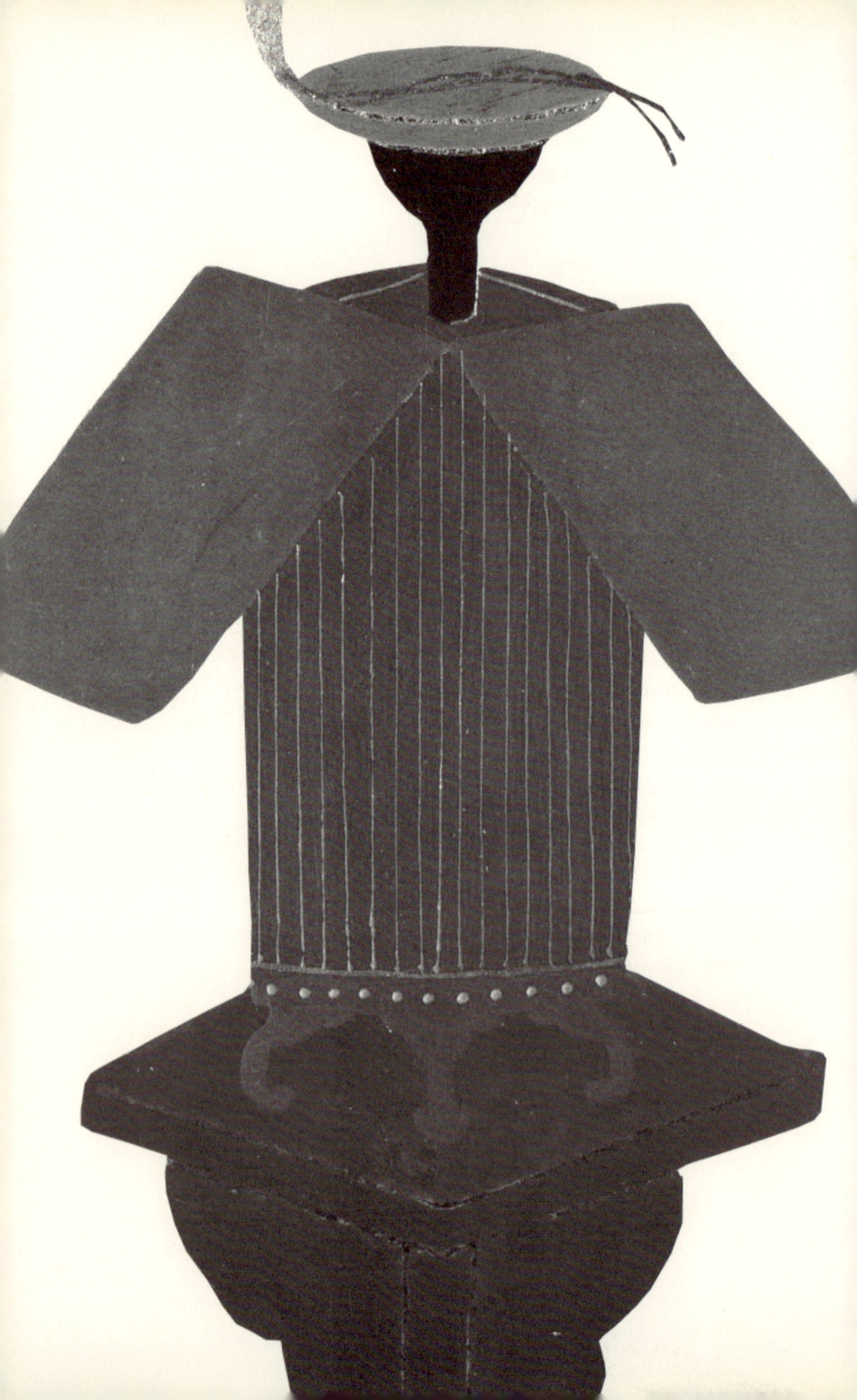